孙正聿 ◎ 著

掌握"看家本领"

◎ 马克思主义的巨大真理威力和强大生命力
◎ 系统地钻研马克思主义经典著作
◎ 真切地领悟马克思主义基本原理
◎ 生动地展现马克思主义真理力量
◎ 把读经典、悟原理当作生活习惯和精神追求

吉林人民出版社

中国共产党人依靠学习走到今天,也必然要依靠学习走向未来。

——习近平

目 录

引言　掌握马克思主义是我们的"看家本领" …………… 1

一、马克思主义的巨大真理威力和强大生命力 ………… 5
（一）马克思主义是科学的理论 ……………………… 6
（二）马克思主义是人民的理论 ……………………… 10
（三）马克思主义是实践的理论 ……………………… 14
（四）马克思主义是不断发展的开放的理论 ………… 21

二、系统地钻研马克思主义经典著作 …………………… 25
（一）阅读《全集》：从整体上把握马克思主义理论体系 …… 26
（二）精读《选集》：从思想上领悟马克思主义基本原理 …… 46
（三）深研"名篇"：从重点上掌握马克思主义核心思想 …… 55
（四）探究"观点"：从理论上弄通马克思主义思想内涵 …… 69
（五）掌握"方法"：在实践中运用马克思主义理论思维 …… 84

三、真切地领悟马克思主义基本原理 …………………… 92
（一）掌握马克思主义关于社会发展规律的思想 ………… 93
（二）掌握马克思主义关于坚守人民立场的思想 ………… 99

(三)掌握马克思主义关于生产力和生产关系的思想……… 102
　　(四)掌握马克思主义关于人民民主的思想……………… 108
　　(五)掌握马克思主义关于文化建设的思想……………… 117
　　(六)掌握马克思主义关于社会建设的思想……………… 121
　　(七)掌握马克思主义关于人与自然关系的思想………… 126
　　(八)掌握马克思主义关于世界历史的思想……………… 130
　　(九)掌握马克思主义关于马克思主义政党建设的思想 …… 135

四、生动地展现马克思主义真理力量…………………………… 141
　　(一)坚持实事求是的思想路线…………………………… 142
　　(二)提升矛盾分析的理论思维…………………………… 148
　　(三)增强战略思维的实践智慧…………………………… 152
　　(四)夯实制度自信的理论根基…………………………… 158
　　(五)强化理想信念的理论支撑…………………………… 162

五、把读经典、悟原理当作生活习惯和精神追求……………… 167
　　(一)用马克思主义激发思想活力………………………… 168
　　(二)用马克思主义启迪哲理智慧………………………… 174
　　(三)用马克思主义滋养浩然正气………………………… 179
　　(四)用马克思主义提升执政能力………………………… 182

后记………………………………………………………………… 187

引　言
掌握马克思主义是我们的"看家本领"

2013年3月1日，在中央党校建校80周年庆祝大会暨2013年春季学期开学典礼上的讲话中，习近平指出："我们党历来重视抓全党特别是领导干部的学习，这是推动党和人民事业发展的一条成功经验。"关于"学习"，习近平特别强调指出："首先要认真学习马克思主义理论，这是我们做好一切工作的看家本领，也是领导干部必须普遍掌握的工作制胜的看家本领。"①

为什么认真学习马克思主义理论是我们做好一切工作的"看家本领"？2017年，习近平在主持十八届中共中央政治局第四十三次集体学习时指出："我们党是用马克思主义武装起来的政党，马克思主义是我们共产党人理想信念的灵魂。"关于"马克思主义"，习近平深刻地指出："在人类思想史上，就科学性、真理性、影响力、传播面而言，没有一种思想理论能达到马克思主义

---

① 习近平：《习近平谈治国理政》，外文出版社，2014，第401、404页。

的高度，也没有一种学说能像马克思主义那样对世界产生了如此巨大的影响。这体现了马克思主义的巨大真理威力和强大生命力，表明马克思主义对人类认识世界、改造世界、推动社会进步仍然具有不可替代的作用。"对此，习近平特别强调指出："时代在变化，社会在发展，但马克思主义基本原理依然是科学真理。尽管我们所处的时代同马克思所处的时代相比发生了巨大而深刻的变化，但从世界社会主义500年的大视野来看，我们依然处在马克思主义所指明的历史时代。这是我们对马克思主义保持坚定信心、对社会主义保持必胜信念的科学根据。马克思主义就是我们党和人民事业不断发展的参天大树之根本，就是我们党和人民不断奋进的万里长河之泉源。背离或放弃马克思主义，我们党就会失去灵魂、迷失方向。在坚持以马克思主义为指导这一根本问题上，我们必须坚定不移，任何时候任何情况下都不能动摇。"①

2018年5月4日，在纪念马克思诞辰200周年大会上的讲话中，习近平缅怀马克思的伟大人格和历史功绩，重温马克思的崇高精神和光辉思想，明确指出："马克思给我们留下的最有价值、最具影响力的精神财富，就是以他名字命名的科学理论——马克思主义。""马克思的思想理论源于那个时代又超越了那个时代，既是那个时代精神的精华又是整个人类精神的精华。""马克思主义不仅深刻改变了世界，也深刻改变了中国。"②对此，习近平特

---

① 习近平：《习近平谈治国理政》第二卷，外文出版社，2017，第65、66页。
② 习近平：《在纪念马克思诞辰200周年大会上的讲话》，人民出版社，2018，第6、7、11页。

别强调指出:"实践证明,马克思主义的命运早已同中国共产党的命运、中国人民的命运、中华民族的命运紧紧连在一起,它的科学性和真理性在中国得到了充分检验,它的人民性和实践性在中国得到了充分贯彻,它的开放性和时代性在中国得到了充分彰显!""实践还证明,马克思主义为中国革命、建设、改革提供了强大思想武器,使中国这个古老的东方大国创造了人类历史上前所未有的发展奇迹。历史和人民选择马克思主义是完全正确的,中国共产党把马克思主义写在自己的旗帜上是完全正确的,坚持马克思主义基本原理同中国具体实际相结合、不断推进马克思主义中国化时代化是完全正确的!"[①]

认真学习马克思主义理论,掌握中国共产党人治国理政的"看家本领",就要求我们:(1)系统地钻研马克思主义经典著作,从整体上把握马克思主义理论体系,从思想上领悟马克思主义基本原理,从重点上掌握马克思主义核心思想,从理论上弄懂马克思主义思想内涵,在实践中运用马克思主义理论思维;(2)真切地领悟马克思主义基本原理,掌握马克思主义关于社会发展规律的思想、关于坚守人民立场的思想、关于生产力和生产关系的思想、关于人民民主的思想、关于文化建设的思想、关于社会建设的思想、关于人与自然关系的思想、关于世界历史的思想、关于马克思主义政党建设的思想;(3)生动地展现马克思主

---

① 习近平:《在纪念马克思诞辰200周年大会上的讲话》,人民出版社,2018,第14—15页。

义真理力量,坚持实事求是的思想路线,提升矛盾分析的理论思维,增强战略思维的实践智慧,夯实制度自信的理论根基,强化理想信念的理论支撑;(4)把读经典、悟原理当作生活习惯和精神追求,用马克思主义激发思想活力、启迪哲理智慧、滋养浩然正气,用马克思主义坚定理想信念追求、提升治国理政能力,把"不忘初心、牢记使命"作为终身课题,始终保持共产党人的政治本色和前进动力。

认真学习马克思主义理论,掌握中国共产党人治国理政的"看家本领",就要学习掌握当代中国马克思主义、21世纪马克思主义——习近平新时代中国特色社会主义思想,就要坚持用这一科学理论武装头脑、指导实践、推动工作,不断开创事业发展新局面。习近平新时代中国特色社会主义思想具有实践性、时代性、创造性的鲜明品格,是从新时代中国特色社会主义全部实践中产生的理论结晶,是推动新时代党和国家事业不断向前发展的科学指南。这就要求全党不断学习、不断实践、不断领悟这一科学理论,不断提高理论素养、政治素养,使党的创新理论成为我们认识世界、改造世界的强大精神武器。

中国共产党百年的光辉历程和成功经验告诉我们:"中国共产党人依靠学习走到今天,也必然要依靠学习走向未来。"[①]

---

① 习近平:《习近平谈治国理政》,外文出版社,2014,第407页。

一、马克思主义的巨大真理威力和强大生命力

在纪念马克思诞辰200周年大会上的讲话中,习近平对这位"顶天立地的伟人"作出这样的概括和评价:"马克思的一生,是胸怀崇高理想、为人类解放不懈奋斗的一生";"马克思的一生,是不畏艰难险阻、为追求真理而勇攀思想高峰的一生";"马克思的一生,是为推翻旧世界、建立新世界而不息战斗的一生";"马克思给我们留下的最有价值、最具影响力的精神财富,就是以他名字命名的科学理论——马克思主义"。①

关于"马克思主义",习近平作出这样的高度概括:"马克思主义是科学的理论,创造性地揭示了人类社会发展规律";"马克思主义是人民的理论,第一次创立了人民实现自身解放的思想体系";"马克思主义是实践的理论,指引着人民改造世界的行动";"马克思主义是不断发展的开放的理论,始终站在时代前沿"。② 掌握马克思主义这个"看家本领",首先就要以"科学的理论""人民的理论""实践的理论"和"不断发展的开放的理论"为

---

① 习近平:《在纪念马克思诞辰200周年大会上的讲话》,人民出版社,2018,第3、4、5、6页。
② 习近平:《在纪念马克思诞辰200周年大会上的讲话》,人民出版社,2018,第7、8、9、10页。

实质内容，深刻地理解和深切地体悟马克思主义的巨大真理威力和强大生命力。

（一）马克思主义是科学的理论

"马克思主义是科学的理论，创造性地揭示了人类社会发展规律。在马克思提出科学社会主义之前，空想社会主义者早已存在，他们怀着悲天悯人的情感，对理想社会有很多美好的设想，但由于没有揭示社会发展规律，没有找到实现理想的有效途径，因而也就难以真正对社会发展发生作用。马克思创建了唯物史观和剩余价值学说，揭示了人类社会发展的一般规律，揭示了资本主义运行的特殊规律，为人类指明了从必然王国向自由王国飞跃的途径，为人民指明了实现自由和解放的道路。"[①]

一种理论具有怎样的意义和价值，从根本上说，就在于它所揭示的规律对于人类的生存和发展具有怎样的意义和价值。对于整个人类来说，最为重大和最为艰巨的理论问题，莫过于揭示人类自身的发展规律；对于现代人类来说，最为重大和最为艰巨的理论问题，莫过于揭示现代资本主义的运动规律。以马克思的"两大发现"为实质内容的马克思主义，不仅使人类自觉到自身的

---

① 习近平：《在纪念马克思诞辰200周年大会上的讲话》，人民出版社，2018，第7—8页。

发展规律，而且使人类自觉到"现实的历史"即资本主义的发展规律，从而为人类解放指明了现实道路，为人类文明形态的变革提供了伟大的社会理想。这是作为"最伟大的思想家"的马克思为人类提供的"最伟大的思想"，这也是以马克思的名字命名的马克思主义的真理力量之所在。

马克思主义之所以是科学的理论，就在于它科学地回答了资本主义向何处去、人类社会向何处去这两个关乎人类前途和命运的根本问题。马克思、恩格斯在对"现存的一切"所进行的"无情的批判"中，以对宗教的批判作为对其他一切批判的前提，通过批判黑格尔的思辨哲学、费尔巴哈的人本学和英国古典政治经济学，进而批判空想社会主义学说。在这种批判中，既锻造了具有彻底批判本性的唯物辩证法理论，又以这个革命的、批判的思想武器去批判"现存的一切"，创建了马克思主义的科学社会主义理论，为无产阶级的解放和整个人类的解放指出了现实的道路。

空想社会主义者针对资本主义社会的残酷现实与资产阶级思想家曾经许诺的"自由、平等、博爱"之间的尖锐矛盾，对资本主义社会进行了有力的揭露和批判。然而，他们所揭露和批判的不是资产阶级思想家的理论，而是借用这种理论去批判现实。在他们看来，资本主义的现实之所以是残酷黑暗的，之所以是必须否定的，是因为它不合乎"人性"，是因为它陷入了"理性的迷误"；而社会主义之所以是美好光明的，之所以是应该追求的，则是因为它合乎"人的本性"，是因为它符合人的"理性"。这样的理论，只能说明资本主义的现实是应该诅咒的，而不能说明资本主义制度灭亡的历史必然性；只能说明无产阶级是一个受苦的阶级，而不能说明无产阶级是资本主义的掘墓人；只能对社会主义的未来作出种种美好的设想，而不能指出实现社会主义的条件和进程。所以，这种以"人性"和"人的理性"为出发点的空想社会主义学说，对于人类自身的解放来说，只能是一种"幻想的武器"。

这种"幻想的武器"的出现也有其历史的必然性。它在"无产阶级还很不发展，因而对本身的地位的认识还基于幻想的时候，是同无产阶级对社会普遍改造的最初的本能的渴望相适应的"。"阶级斗争越发展和越具有确定的形式，这种超乎阶级斗争的幻想，这种反对阶级斗争的幻想，就越失去任何实践意义和任何理论根据。"① 在理论上用"现实的武器"去代替"幻想的武器"，使无产阶级由"自在的阶级"真正成为"自为的阶级"，这是历史向理论提出的要求，也是无产阶级向自己的理论家提出的任务。

用"现实的武器"去代替"幻想的武器"，必须首先对"幻想的武器"进行彻底的批判。黑格尔的辩证法认为，历史是一个有规律的发展过程。那么，历史合乎规律发展的现实基础是什么？费尔巴哈的人本学认为，人是肉体和精神相统一的感性存在。那么，这种感性存在赖以生存和发展的现实基础又是什么？正是通过寻求历史的现实基础，马克思和恩格斯找到了人类最基本的社

---

① 中共中央马克思恩格斯列宁斯大林著作编译局编译《马克思恩格斯选集》第 1 卷，人民出版社，2012，第 432—433 页。

会实践活动——物质生产活动,从而在社会有机体的众多因素的交互作用中,在社会形态曲折发展的历史进程中,在社会意识相对独立的历史更替中,肯定了生产力的最终的决定作用,并从生产力这个最革命、最活跃的因素中,找到了最现实的批判力量。

列宁说:"社会主义学说正是在它抛弃了关于合乎人的本性的社会条件的议论,而着手唯物主义地分析现代社会关系并说明现在剥削制度的必然性的时候取得成就的。"①在《资本论》这部理论巨著中,马克思运用他所锻造的唯物辩证法对人类社会的最后一个剥削制度——资本主义制度——的发展规律作出了无可辩驳的论证,从而使社会主义学说由空想变为科学。

社会主义是人类解放的必由之路。在《共产党宣言》中,马克思恩格斯提出:"代替那存在着阶级和阶级对立的资产阶级旧社会的,将是这样一个联合体,在那里,每个人的自由发展是一切人的自由发展的条件。"②这个伟大的理想不仅要求把人从物的统治下解放出来,使人的劳动变成自主活动,而且要求最终消除个人向完整的个人、全面发展的个人迈进过程中的一切阻碍,为人类指明了从必然王国向自由王国飞跃的途径,为人民指明了实现自由和解放的道路。

---

① 列宁:《列宁选集》第 1 卷,人民出版社,2012,第 52 页。
② 中共中央马克思恩格斯列宁斯大林著作编译局编译《马克思恩格斯选集》第 1 卷,人民出版社,2012,第 422 页。

(二) 马克思主义是人民的理论

"马克思主义是人民的理论,第一次创立了人民实现自身解放的思想体系。马克思主义博大精深,归根到底就是一句话,为人类求解放。在马克思之前,社会上占统治地位的理论都是为统治阶级服务的。马克思主义第一次站在人民的立场探求人类自由解放的道路,以科学的理论为最终建立一个没有压迫、没有剥削、人人平等、人人自由的理想社会指明了方向。马克思主义之所以具有跨越国度、跨越时代的影响力,就是因为它植根人民之中,指明了依靠人民推动历史前进的人间正道。"①

在《共产党宣言》中,马克思恩格斯就明确地阐明了他们所从事的事业是实现人类解放的事业,他们所创建的理论是人民的理论:"过去的一切运动都是少数人的,或者为少数人谋利益的运动。无产阶级的运动是绝大多数人的,为绝大多数人谋利益的独立的运动。"②因此,他们给自己提出"实践"和"理论"两个方面的历史任务——"在实践方面,共产党人是各国工人政党中最坚决的、始终起推动作用的部分;在理论方面,他们胜过其余无产阶

---

① 习近平:《在纪念马克思诞辰200周年大会上的讲话》,人民出版社,2018,第8页。
② 中共中央马克思恩格斯列宁斯大林著作编译局编译《马克思恩格斯选集》第1卷,人民出版社,2012,第411页。

级群众的地方在于他们了解无产阶级运动的条件、进程和一般结果"①。正因为马克思恩格斯所创建的理论是人民实现自身解放的思想体系，马克思主义才不仅站在真理的制高点上，而且站在道义的制高点上。"无论时代如何变迁、科学如何进步，马克思主义依然显示出科学思想的伟力，依然占据着真理和道义的制高点。"②

马克思的"改变世界"的世界观，是以"人民群众是历史的创造者"为主体的世界观，是以"人类解放"和"人的全面发展"为价值理想的世界观。"人民性"是马克思"改变世界"的世界观的主体依据和鲜明特点。马克思明确地提出，"真正的哲学"之所以是"时代精神的精华"和"文明的活的灵魂"，就在于它是"自己的时代、自己的人民的产物"，就在于它汇集了"人民的最美好、最珍贵、最隐蔽的精髓"，就在于它把人民关切的时代性问题作为理论研究的主题。揆诸马克思主义的思想体系，我们会发现：马克思主义的"出发点"不是"抽象的人"，而是"从事实际活动的人"；马克思主义的"立足点"不是"抽象的存在"，而是"人类社会或社会的人类"；马克思主义的"归宿点"不是"人性的复归"，而是以"每个人的自由发展"为条件的"一切人的自由发展"。马克思主义的"出发点""立足点"和"归宿点"，充分地显示了马克思主义关切人类命运的博大的人文情怀，充分地显示了马克思主义"为绝大多数人谋利益"的强大的道义力量，充分地显示了马克思主

---

① 中共中央马克思恩格斯列宁斯大林著作编译局编译《马克思恩格斯选集》第1卷，人民出版社，2012，第413页。

② 习近平：《在哲学社会科学工作座谈会上的讲话》，人民出版社，2016，第10页。

义"改变世界"的最深层的人民性品格。

为人民谋幸福是中国共产党人的"初心"和"使命"。在《为人民服务》这一著名演讲中,毛泽东就明确地指出:"我们这个队伍完全是为着解放人民的,是彻底地为人民的利益工作的。"[①]在党的七大报告中,毛泽东进一步阐发了"全心全意为人民服务"的思想,提出共产党人要"全心全意地为人民服务,一刻也不脱离群众;一切从人民的利益出发,而不是从个人或小集团的利益出发"[②]。从中国共产党的"七大"党章到"十九大"党章,都把"全心全意为人民服务"写入党章总纲,作为我们党的根本宗旨。

中国共产党是以全心全意为人民服务为根本宗旨的政党,其理论和实践要求真理与价值的高度统一。人类的认识活动和实践活动总是面对两大问题:一是"对不对"的真理问题,二是"好不好"的价值问题。真理和价值是人类活动的两个基本尺度。人的活动是否符合事物的运动规律,这就是真理尺度;人的活动是否满足自己的需要和目的,这就是价值尺度。真理和价值统一于人的实践活动之中。实践作为人的有目的的物质活动,既要求人们按照事物的本来面目和运动规律改造世界,又要求人们按照自身的需要和目的改造世界。离开真理性认识的价值追求,离开价值追求的真理性认识,都是非现实的。中国共产党始终要求坚持真理与向人民负责的统一,站在真理和价值的制高点上。坚持真理

---

① 毛泽东:《毛泽东选集》第三卷,人民出版社,1991,第1004页。
② 毛泽东:《毛泽东选集》第三卷,人民出版社,1991,第1094—1095页。

就是实事求是,就是尊重历史规律,尊重中国社会本身的发展规律,通过不断探索达到对社会发展的真理性认识。向人民负责就是为最广大的人民谋利益,就是使人民群众获得全面发展的条件,就是实现中华民族的伟大复兴。没有为人民谋幸福的坚定的价值目标,就不可能真正达到对中国社会的真理性认识;没有对中国社会的真理性认识,为人民谋幸福的价值目标就不可能实现。建设中国特色社会主义就要把真理观和价值观统一起来,把坚持真理和向人民负责统一起来。真理的力量和道义的力量的统一,就是我们的不可战胜、无坚不摧的力量。

作为马克思主义创始人的马克思,在其中学时代的作文中,就提出了"为全人类而工作"的伟大志向:"如果我们选择了最能为人类而工作的职业,那么,重担就不能把我们压倒,因为这是为大家作出的牺牲;那时我们所享受的就不是可怜的、有限的、自私的乐趣,我们的幸福将属于千百万人,我们的事业将悄然无声地存在下去,但是它会永远发挥作用,而面对我们的骨灰,高尚的人们将洒下热泪。"[①]《在马克思墓前的讲话》中,恩格斯满怀深情地指出:"千百万革命战友无不对他表示尊敬、爱戴和悼念,而我可以大胆地说:他可能有过许多敌人,但未必有一个私敌。他的英名和事业将永垂不朽!"[②]

[①] 中共中央马克思恩格斯列宁斯大林著作编译局编译《马克思恩格斯全集》第1卷,人民出版社,1995,第459—460页。

[②] 中共中央马克思恩格斯列宁斯大林著作编译局编译《马克思恩格斯选集》第3卷,人民出版社,2012,第1004页。

（三）马克思主义是实践的理论

"马克思主义是实践的理论，指引着人民改造世界的行动。马克思说，'全部社会生活在本质上是实践的'，'哲学家们只是用不同的方式解释世界，问题在于改变世界'。实践的观点、生活的观点是马克思主义认识论的基本观点，实践性是马克思主义理论区别于其他理论的显著特征。马克思主义不是书斋里的学问，而是为了改变人民历史命运而创立的，是在人民求解放的实践中形成的，也是在人民求解放的实践中丰富和发展的，为人民认识世界、改造世界提供了强大精神力量。"[①]

1845年春，马克思写出了被恩格斯称作"包含着新世界观的天才萌芽的第一个文件"的《关于费尔巴哈的提纲》。这个"文件"凝聚着马克思对全部哲学史的高度概括性总结，熔铸着马克思对哲学自身的深切反思，表达了马克思对全部旧哲学的根本性批评，升华了马克思探索人类解放的理论成果，构成了以"实践"为核心范畴的对人的"解放"何以可能的理论回答。因此，以这份"第一个文件"为标志的马克思主义的哲学革命，不仅标志着把"解释世界"的旧哲学与"改变世界"的新哲学区别开来的理论追

---

① 习近平：《在纪念马克思诞辰200周年大会上的讲话》，人民出版社，2018，第9页。

求，而且深刻地表明马克思主义是"实践的理论"。

"实践"是《关于费尔巴哈的提纲》（以下简称《提纲》）的核心范畴。需要认真思考的是，对马克思来说，他把"实践"作为核心范畴所要回答的根本问题是什么。在《提纲》的第一条中，马克思就明确地提出，以往的全部哲学——包括唯物主义哲学和唯心主义哲学——的根本问题，就在于不是从人的"实践"的"感性活动"去理解人与世界的关系，因而不能真实地理解人与世界的真实关系。在这里，马克思已经把"人的存在何以可能"的根据，从关于人的"自由自觉活动"的"类特性"，确认为人的"实践"活动。这在马克思的思想演进的过程中具有重大意义。在《提纲》的第二条中，马克思针对整个传统哲学，特别是整个西方近代哲学所思考和论争的根本性问题——思想的客观性问题——进一步地明确了"实践"范畴的真实意义。马克思提出："人的思维是否具有客观的[gegenständliche]真理性，这不是一个理论的问题，而是一个实践的问题。"①这就是说，对于思想的客观性"何以可能"这个贯穿于整个近代哲学的重大的基本问题，马克思把"实践"范畴确认为解决这个重大的基本问题的"根据"。在《提纲》第三条中，马克思又针对近代唯物主义哲学关于"人"与"环境"的相互关系的争论，也就是针对"人"何以为"人"的争论，明确地把"人"的存在的根据归结为"革命的实践"。在《提纲》的第四、五、六、

---

① 中共中央马克思恩格斯列宁斯大林著作编译局编译《马克思恩格斯选集》第1卷，人民出版社，2012，第134页。

七这四条中，马克思以批评费尔巴哈的相关观点的方式，集中地论述了从"实践的、人的感性的活动"出发去理解人的世界、人的本质和人的宗教感情。在《提纲》的第八条中，则把上述思想凝结为一个根本性的论断："全部社会生活在本质上是实践的。凡是把理论引向神秘主义的神秘东西，都能在人的实践中以及对这种实践的理解中得到合理的解决。"①这样，马克思就在把确认"社会生活"的"本质"与解决"理论"的"神秘主义"相统一的意义上，确认了"实践"的本体地位，即：用"实践"作为"根据"去理解"社会生活"的"本质"和破解对"理论"的"神秘主义"理解。在《提纲》的第九、十两条中，马克思又把这种"实践转向"的根据诉诸实现这种"转向"的主体，即"人类社会或社会的人类"。而在《提纲》的最后一条即第十一条中，马克思以其"实践转向"的哲学革命为根据，把以往的旧哲学归结为"用不同的方式解释世界"，而把他所开拓的新的哲学道路归结为"问题在于改变世界"②。

在这里，笔者之所以逐条地分析马克思在《关于费尔巴哈的提纲》中的论述，是因为这个"包含着新世界观的天才萌芽的第一个文件"，以宣言书的方式阐明了马克思的"实践转向"所实现的哲学革命。这个哲学革命就是以"实践"为"根据"去理解人的存在、人的本质、人的思维和人的世界，一句话，以"实践"为"根

---

① 中共中央马克思恩格斯列宁斯大林著作编译局编译《马克思恩格斯选集》第1卷，人民出版社，2012，第135—136页。

② 中共中央马克思恩格斯列宁斯大林著作编译局编译《马克思恩格斯选集》第1卷，人民出版社，2012，第136页。

据"去理解"人",把"实践"定位为"人的存在何以可能"的"本体"。但是,马克思对"人"的追问,并不是抽象地或一般地追问"人的存在何以可能",而是具体地、特别地追问"人的解放何以可能"。

在1843年的《〈黑格尔法哲学批判〉导言》中,马克思就把他的哲学追求定位为对"人的解放何以可能"的追寻,即寻求"解放"的"根据";在《1844年经济学哲学手稿》中,马克思又在对人的"自由自觉的活动"及其"异化"的双重阐释中,把"人的解放"的"根据"诉诸人的"类特性";而在1845年的《关于费尔巴哈的提纲》中,则以理论飞跃的方式把人的"类特性"即"自由自觉的活动"明确为人的"实践"活动,从而以"实践"为"根据"去理解人的存在,并因此把这种"实践转向"的新哲学定位为"改变世界"的哲学。正是从"改变世界"的哲学使命出发,马克思以"实践转向"的理论成果为出发点,形成了他的以"解放何以可能"为聚焦点的哲学求索。这种理论求索的结果,集中地表现为《德意志意识形态》和《共产党宣言》这两部著作。

在写于1845—1846年的《德意志意识形态》中,马克思恩格斯首要地、醒目地强调了一个问题,这就是研究的"出发点"和研究的"前提"。这对于我们理解马克思主义的实践的理论是至关重要的。马克思恩格斯提出,"德国哲学从天国降到人间;和它完全相反,这里我们是从人间升到天国。这就是说,我们不是从人们所说的、所设想的、所想象的东西出发,也不是从口头说的、思考出来的、设想出来的、想象出来的人出发，去理解有血有肉的人"①。在这里，马克思不只是把"德国哲学"与"我们"的哲学区分为"从天国降到人间"和"从人间升到天国"，而且明确地把这种区分的实质内容确认为对"人"的理解，即：是以"设想出来的人"为出发点，还是以"真正的人"为出发点？明确这个问题是十分重要的。

德国古典哲学已经把哲学问题归结为"人"的问题，把"人"的认识、道德、自由和崇高的"何以可能"作为其哲学内涵。因此，对于马克思主义哲学来说，真正的问题是如何理解被德国古典哲学追问的"人"。对此，马克思恩格斯的回答是："我们的出发点是从事实际活动的人，而且从他们的现实生活过程中还可以描绘出这一生活过程在意识形态上的反射和反响的发展。"②那么，究竟怎样理解"从事实际活动的人"？马克思恩格斯指出："全部人类历史的第一个前提无疑是有生命的个人的存在。因此，第一个需要确认的事实就是这些个人的肉体组织以及由此产生的个人对其他自然的关系。"③"一当人开始生产自己的生活资料，即迈出由他们的肉体组织所决定的这一步的时候，人本身就开始把自己和动物区别开来。人们生产自己的生活资料，同时间接地生产

---

① 中共中央马克思恩格斯列宁斯大林著作编译局编译《马克思恩格斯选集》第1卷，人民出版社，2012，第152页。
② 中共中央马克思恩格斯列宁斯大林著作编译局编译《马克思恩格斯选集》第1卷，人民出版社，2012，第152页。
③ 中共中央马克思恩格斯列宁斯大林著作编译局编译《马克思恩格斯选集》第1卷，人民出版社，2012，第146页。

着自己的物质生活本身。"①"因此第一个历史活动就是生产满足这些需要的资料,即生产物质生活本身。"②正是从"人类历史的第一个前提"和"第一个历史活动"出发,马克思明确地作出了结论:"任何历史观的第一件事情就是必须注意上述基本事实的全部意义和全部范围,并给予应有的重视。"③正是基于对"历史观"的这种理解,马克思和恩格斯把这种研究结果归结为"不是意识决定生活,而是生活决定意识"④,"不是从观念出发来解释实践,而是从物质实践出发来解释各种观念形态"⑤。这样,马克思和恩格斯就在历史唯物主义的意义上把人类的实践活动(首先是生产物质生活资料的实践活动)确认为"人的存在何以可能"的"根据"和"人的解放何以可能"的"前提"。

在发表于1848年的《共产党宣言》中,马克思恩格斯以他们在《德意志意识形态》中所创立的历史唯物论为基础,明确地提出:"代替那存在着阶级和阶级对立的资产阶级旧社会的,将是这样一个联合体,在那里,每个人的自由发展是一切人的自由发

---

① 中共中央马克思恩格斯列宁斯大林著作编译局编译《马克思恩格斯选集》第1卷,人民出版社,2012,第147页。
② 中共中央马克思恩格斯列宁斯大林著作编译局编译《马克思恩格斯选集》第1卷,人民出版社,2012,第158页。
③ 中共中央马克思恩格斯列宁斯大林著作编译局编译《马克思恩格斯选集》第1卷,人民出版社,2012,第159页。
④ 中共中央马克思恩格斯列宁斯大林著作编译局编译《马克思恩格斯选集》第1卷,人民出版社,2012,第152页。
⑤ 中共中央马克思恩格斯列宁斯大林著作编译局编译《马克思恩格斯选集》第1卷,人民出版社,2012,第172页。

展的条件。"①对此，马克思在后来的研究中更为具体地揭示了人在自己的历史活动中所实现的人自身存在方式的变革。就历史事实而言，人已经从总体上实现了从"人的依赖关系"转化为"以物的依赖性为基础的人的独立性"。因此，马克思的理论聚焦点，就是揭示这个"以物的依赖性为基础的人的独立性"所造成的人的"异化"状态及其为人类走出这种"异化"状态所提供的前提条件。正是基于对人的存在和发展的现实理解，马克思把人的未来的存在方式描述为"建立在个人全面发展和他们共同的、社会生产能力成为从属于他们的社会财富这一基础上的自由个性"②。由此我们可以看到，在马克思的关于人的"全面发展"或"自由个性"的学说中，表达的是一种革命性的理想追求：把人从一切"非人"的或"异化"的状态中"解放"出来。

在马克思这里，人类解放并不是某种"状况"，而是一个"过程"，是一个"使现存世界革命化"的过程。马克思明确地提出："共产主义对我们来说不是应当确立的状况，不是现实应当与之相适应的理想。我们所称为共产主义的是那种消灭现存状况的现实的运动。"③因此，马克思进一步提出："实际上，而且对实践的唯物主义者即共产主义者来说，全部问题都在于使现存世界革

---

① 中共中央马克思恩格斯列宁斯大林著作编译局编译《马克思恩格斯选集》第1卷，人民出版社，2012，第422页。
② 中共中央马克思恩格斯列宁斯大林著作编译局编译《马克思恩格斯全集》第30卷，人民出版社，1995，第107—108页。
③ 中共中央马克思恩格斯列宁斯大林著作编译局编译《马克思恩格斯选集》第1卷，人民出版社，2012，第166页。

命化，实际地反对并改变现存的事物。"①马克思对共产主义的承诺，并不是承诺了某种"状况"或"实体"，而是承诺了"消灭现存状况的现实的运动"，承诺了"实际地反对并改变现存的事物"。马克思对共产主义的这种阐释，对于我们理解马克思主义的实践的理论是至关重要的。实现人类解放的共产主义，它是一个"否定性"的过程，即是一个"消灭现存状况""实际地反对并改变现存的事物的现状"的过程。把这个革命性的实践过程视为"解放"的"根据"，或者说，从革命性的实践过程去理解"解放"的"根据"，这是马克思的"改变世界"的实践的理论极其重要的思想内涵。只有从理论上深化对"实践"的理解，才能从思想上深化对马克思主义是"实践的理论"的理解。

（四）马克思主义是不断发展的开放的理论

"马克思主义是不断发展的开放的理论，始终站在时代前沿。马克思一再告诫人们，马克思主义理论不是教条，而是行动指南，必须随着实践的变化而发展。一部马克思主义发展史就是马克思、恩格斯以及他们的后继者们不断根据时代、实践、认识发展而发展的历史，是不断吸收人类历史上一切优秀思想文化成果

---

① 中共中央马克思恩格斯列宁斯大林著作编译局编译《马克思恩格斯选集》第1卷，人民出版社，2012，第155页。

丰富自己的历史。因此，马克思主义能够永葆其美妙之青春，不断探索时代发展提出的新课题，回应人类社会面临的新挑战。"①

关于马克思主义，恩格斯特别强调指出："我们的理论是发展着的理论，而不是必须背得烂熟并机械地加以重复的教条。"②马克思主义的生命力就在于，它不是一个僵化的、封闭的理论体系，而是一个发展的、开放的理论体系，它集中地体现了时代的精神、世界的潮流和创新的实践，它引导人类以文明形态变革去破解人类历史发展进程中的难题。

理论是思想中的现实。任何重大的理论问题都源于重大的现实问题，任何重大的现实问题都深层地蕴含重大的理论问题。"改革开放是我们党的一次伟大觉醒，正是这个伟大觉醒孕育了我们党从理论到实践的伟大创造。"③党的十八大以来，以习近平同志为核心的党中央以辩证唯物主义和历史唯物主义的理论思维，紧密结合新的时代要求和实践条件，以全新的视角深化对共产党执政规律、社会主义建设规律、人类社会发展规律的认识，取得了重大理论创新成果，实现了我们党从理论到实践的伟大创造。

理论创新的根基是伟大的实践，理论创新的使命是推动伟大的实践，理论创新的内容是提炼出有学理性的新理论和概括出有规律性的新实践。理论的生命力就在于，既用现实活化理论，又用理论照亮现实；既用实践推进理论，又用理论推动实践。习近

---

① 习近平：《在纪念马克思诞辰200周年大会上的讲话》，人民出版社，2018，第9—10页。
② 中共中央马克思恩格斯列宁斯大林著作编译局编译《马克思恩格斯选集》第4卷，人民出版社，2012，第588页。
③ 习近平：《在庆祝改革开放40周年大会上的讲话》，人民出版社，2018，第4页。

平引领中华民族伟大复兴的理论思维,坚持问题导向,聚焦我国发展面临的突出矛盾和问题,把改革、发展、稳定统一起来,以创新、协调、绿色、开放、共享的新发展理念推动高质量发展,是真正的源于实践而又推动实践的创新思维。

我们党从理论到实践的伟大创造,集中地体现在形成了中国特色社会主义思想,开辟了中国特色社会主义道路。习近平明确地指出:"当代中国的伟大社会变革,不是简单延续我国历史文化的母版,不是简单套用马克思主义经典作家设想的模板,不是其他国家社会主义实践的再版,也不是国外现代化发展的翻版。"①改革开放40年来,我们党全部理论和实践的主题就是坚持和发展中国特色社会主义。习近平新时代中国特色社会主义思想,深刻回答了新时代坚持和发展什么样的中国特色社会主义、怎样坚持和发展中国特色社会主义这个重大时代课题,对党和国家各方面工作提出一系列新理念、新思想、新战略,推动党和国家事业发生历史性变革、取得历史性成就,中国特色社会主义进入了新时代。

习近平指出:"只有聆听时代的声音,回应时代的呼唤,认真研究解决重大而紧迫的问题,才能真正把握住历史脉络、找到发展规律、推动理论创新。"②党的十八大以来,摆在全党全国人民面前的一个重大的实践课题和理论课题,就是我国的改革事业如何推进和深化。在党的十八届三中全会上,习近平首次提出

---

① 习近平:《在纪念马克思诞辰200周年大会上的讲话》,人民出版社,2018,第26—27页。

② 习近平:《在哲学社会科学工作座谈会上的讲话》,人民出版社,2016,第14页。

"完善和发展中国特色社会主义制度,推进国家治理体系和治理能力现代化"这个重大命题,并将其确定为我国全面深化改革的总目标,为把全面深化改革推向纵深发展指出了明确方向。这是我们党的一个重大理论创新。这就需要我们在中国特色社会主义制度建设和推进国家治理体系及治理能力现代化的伟大实践中,不断地探索制度建设的重大理论问题,为我们的制度优势提供具有新的思想内涵、时代内涵和文明内涵的理论支撑。

中国特色社会主义道路,是中国共产党领导中国人民开拓的实现中华民族伟大复兴的康庄大道,是当代中国大踏步赶上时代、引领时代发展的康庄大道。从世界和时代的视野看,我们所开创的中国特色社会主义道路,既是当代中国的发展道路,也是我们所开拓的创建人类文明新形态的发展道路;我们所形成的中国特色社会主义的经验,并不仅仅是中国自己的建设经验,而且对于人类走向未来有着世界性的意义与价值,为解决人类问题贡献了中国智慧和中国方案。

关于理论与实践的辩证关系,马克思曾经深刻地指出:"光是思想力求成为现实是不够的,现实本身应当力求趋向思想。"[①] 习近平引领中华民族伟大复兴的理论思维,以其把握时代性问题的理论洞察力、回答时代性问题的理论创造力、解决时代性问题的理论思想力,开拓了21世纪马克思主义的新境界,必将引领中国人民在新时代创造中华民族新的更大奇迹,创造人类文明形态变革的新的更大奇迹。

---

① 中共中央马克思恩格斯列宁斯大林著作编译局编译《马克思恩格斯选集》第1卷,人民出版社,2012,第11页。

二、系统地钻研马克思主义经典著作

掌握马克思主义的"看家本领",首先是要系统地钻研马克思主义经典著作。习近平指出:"马克思主义经典作家眼界广阔、知识丰富,马克思主义理论体系和知识体系博大精深……不下大气力、不下苦功夫是难以掌握真谛、融会贯通的。"①真学、真懂、真信、真用马克思主义,必须在学懂弄通上下大气力、下苦功夫。

《马克思恩格斯全集》(以下简称《全集》)、《马克思恩格斯选集》(以下简称《选集》)是汇集马克思主义经典著作和光辉文献的巨著。系统地钻研马克思主义经典著作,需要阅读《全集》、精读《选集》、深研"名篇"、探究"观点"、掌握"方法":一是阅读《全集》,从整体上把握马克思主义理论体系;二是精读《选集》,从思想上领悟马克思主义基本原理;三是深研"名篇",从重点上掌握马克思主义核心思想;四是探究"观点",从理论上弄通马克思主义思想内涵;五是掌握"方法",在实践中运用马克思主义理论思维。

---

① 习近平:《在哲学社会科学工作座谈会上的讲话》,人民出版社,2016,第11页。

（一）阅读《全集》：从整体上把握马克思主义理论体系

系统地钻研马克思主义经典著作，首先需要我们下最大的决心和尽最大的努力，花费较长的时间和投入较多的精力阅读《马克思恩格斯全集》，从整体上把握马克思主义理论体系。

《全集》是马克思主义创始人马克思和恩格斯一生的全部著述的汇集。中文第一版于1956年至1985年出版，共50卷。中文第二版以第一版为基础，并依据《全集》历史考证版和德文版重新进行编辑和译校，收入了第一版未收的一些著作。《全集》第二版分为四个部分：第1—29卷为著作卷；第30—45卷为《资本论》及其手稿卷；第46—59卷为书信卷；第60卷以后为笔记卷。《全集》各卷的"前言"，简要地介绍了该卷所收文献的写作背景和主要内容。

马克思主义的理论体系和知识体系博大精深，我们应当怎样阅读汇集马克思和恩格斯一生全部著述的《全集》呢？恩格斯《在马克思墓前的讲话》（以下简称《讲话》）中，对这位"最伟大的思想家"的"思想"——马克思主义——作出了最为简洁而精辟的总结和评价。认真学习和深切思考这篇《讲话》，对于我们阅读《全集》、从整体上把握马克思主义来说，是最好的"入口"。

二、系统地钻研马克思主义经典著作

1. 作为"革命家"和"思想家"的马克思

1883年3月14日，马克思与世长辞，"最伟大的思想家停止思想了"。他的最亲密的战友恩格斯发表了著名的《在马克思墓前的讲话》。在《讲话》中，对于这位"最伟大的思想家"的评价，恩格斯是这样作出的："马克思首先是一个革命家。""革命家"，这对于马克思具有"首要性"，因而也应当是我们理解和评价马克思及其思想的具有根本性意义的出发点；反之，离开这个具有根本性意义的出发点，我们对马克思及其思想的理解和评价，就会不得要领，甚至是本末倒置的。

马克思是怎样的"革命家"？他所从事的是什么样的"革命"？恩格斯在《讲话》中作出了高度概括性的明确回答："他毕生的真正使命，就是以这种或那种方式参加推翻资本主义社会及其所建立的国家设施的事业，参加现代无产阶级的解放事业，正是他第一次使现代无产阶级意识到自身的地位和需要，意识到自身解放的条件。"[①]恩格斯的回答鲜明地告诉我们：马克思是无产阶级的"革命家"，他所从事的"革命"事业是现代无产阶级的解放事业。

作为无产阶级的"革命家"，马克思为无产阶级的解放事业所作出的最伟大的贡献，就在于他"第一次"使无产阶级意识到"自身的地位和需要"，意识到"自身解放的条件"，从而为无产阶级

---

① 中共中央马克思恩格斯列宁斯大林著作编译局编译《马克思恩格斯选集》第3卷，人民出版社，2012，第1003页。

的解放事业指明了现实的解放道路，为无产阶级的解放事业提供了坚实的理论支撑。这就是作为"革命家"和"最伟大的思想家"的马克思。

在《讲话》中，恩格斯这样概括和评价这位"最伟大的思想家"的"思想"："正像达尔文发现有机界的发展规律一样，马克思发现了人类历史的发展规律，即历来为繁芜丛杂的意识形态所掩盖着的一个简单事实：人们首先必须吃、喝、住、穿，然后才能从事政治、科学、艺术、宗教等等；所以，直接的物质的生活资料的生产，从而一个民族或一个时代的一定的经济发展阶段，便构成基础，人们的国家设施、法的观点、艺术以至宗教观念，就是从这个基础上发展起来的，因而，也必须由这个基础来解释，而不是像过去那样做得相反。""不仅如此。马克思还发现了现代资本主义生产方式和它所产生的资产阶级社会的特殊的运动规律。由于剩余价值的发现，这里就豁然开朗了，而先前无论资产阶级经济学家或社会主义批评家所做的一切研究都只是在黑暗中摸索。"[①]"发现"人类历史的发展规律与"发现"现代资本主义生产方式和它所产生的资产阶级社会的特殊的运动规律，这就是我们通常所说的马克思的"两大发现"，这就是作为"最伟大的思想家"的马克思为人类提供的"最伟大的思想"。

---

① 中共中央马克思恩格斯列宁斯大林著作编译局编译《马克思恩格斯选集》第3卷，人民出版社，2012，第1002—1003页。

2. 关于无产阶级和人类解放的学说

作为"革命家"的马克思，在他与恩格斯于1848年合著的《共产党宣言》中，就明确地阐述了他们所从事的"革命"，这就是："过去的一切运动都是少数人的，或者为少数人谋利益的运动。无产阶级的运动是绝大多数人的，为绝大多数人谋利益的独立的运动。"①

马克思作为从事"绝大多数人的、为绝大多数人谋利益的独立的运动"的"革命家"，他为自己提出的历史任务，包括"实践"和"理论"两个方面："在实践方面，共产党人是各国工人政党中最坚决的、始终起推动作用的部分；在理论方面，他们胜过其余无产阶级群众的地方在于他们了解无产阶级运动的条件、进程和一般结果。"②

马克思对于自己所从事的"革命"的理论自觉，向我们展现了马克思作为"革命家"和"思想家"的深刻的一致性：作为"革命家"，他自觉地担当"各国工人政党中最坚决的、始终推动运动前进的部分"；作为"思想家"，他自觉地承担为"无产阶级运动的条件、进程和一般结果"作出"理论方面"论证的历史任务。

马克思把自己的全部思想归结为关于"无产阶级运动的条件、

---

① 中共中央马克思恩格斯列宁斯大林著作编译局编译《马克思恩格斯选集》第1卷，人民出版社，2012，第411页。
② 中共中央马克思恩格斯列宁斯大林著作编译局编译《马克思恩格斯选集》第1卷，人民出版社，2012，第413页。

进程和一般结果"的理论，这鲜明而深刻地表明，以马克思的名字命名的马克思主义，就是关于无产阶级和人类解放的学说。揆诸马克思的全部理论，我们就会深刻地理解，从"包含着新世界观的天才萌芽"的《关于费尔巴哈的提纲》，到凝结着马克思毕生心血的理论巨著《资本论》，马克思所创建的马克思主义，就是以恩格斯所概括的"两大发现"为实质内容的关于无产阶级和人类解放的学说。

在《〈黑格尔法哲学批判〉导言》中，马克思就明确地提出，理论的彻底性，在于抓住事物的根本，而"人的根本就是人本身"。正是从这个"根本"出发，马克思所提出的历史任务就是"必须推翻那些使人成为被侮辱、被奴役、被遗弃和被蔑视的东西的一切关系"，把人从非人的存在中"解放"出来。人类解放何以可能？这构成了贯穿马克思全部著述的"主题"和"主线"，这构成了马克思的"最伟大的思想"的"活的灵魂"。

在《1844年经济学哲学手稿》（以下简称《手稿》）中，马克思以求索人类解放为主题，从"人的本质"和"异化劳动"去探索"解放的根据"。在这部《手稿》中，马克思既从人的"自由自觉活动"的"类特性"去寻求解放何以可能的"可能性"，又从人的"类特性"的"异化"去论证争取人类解放的"必要性"，从而推进了对人类解放何以可能的求索。

1845年春，马克思写出了被恩格斯称作"包含着新世界观的天才萌芽的第一个文件"的《关于费尔巴哈的提纲》。这个文件升华了马克思此前探索人类解放的理论成果,提出了以"实践"为核心范畴来理解和阐释人与世界关系的新世界观,把《手稿》中关于人的"自由自觉活动"的"类特性"确认为人类"改变世界"的实践活动。马克思在《提纲》中明确地提出:"社会生活在本质上是实践的。凡是把理论诱入神秘主义的神秘东西,都能在人的实践中以及对这个实践的理解中得到合理的解决";"旧唯物主义的立脚点是'市民'社会;新唯物主义的立脚点则是人类社会或社会化的人类";"哲学家们只是用不同的方式解释世界,问题在于改变世界"①。以"实践"的观点看待人与世界的关系,把实践的主体确认为"人类社会或社会化的人类",并把这个主体的使命确认为"改变世界",这就是马克思在《关于费尔巴哈的提纲》中所提出的"新世界观"。这个新世界观为马克思主义的关于人类解放的学说奠定了"新唯物主义"的哲学基础。

1845—1846年,在马克思与恩格斯合著的《德意志意识形态》中,他们对新唯物主义的出发点——"现实的人"——作出了系统的明确的理论阐述:"全部人类历史的第一个前提无疑是有生命的个人的存在。因此,第一个需要确认的事实就是这些个人的肉体组织以及由此产生的个人对其他自然的关系"②;"一当人开始生产自己的生活资料,这一步是由他们的肉体组织所决定的

---

① 中共中央马克思恩格斯列宁斯大林著作编译局编译《马克思恩格斯选集》第1卷,人民出版社,2012,第139、140页。
② 中共中央马克思恩格斯列宁斯大林著作编译局编译《马克思恩格斯选集》第1卷,人民出版社,2012,第146页。

这一步的时候,人本身就开始把自己和动物区别开来。人们生产自己的生活资料,同时间接地生产着自己的物质生活本身"①;"因此第一个历史活动就是生产满足这些需要的资料,即生产物质生活本身"②。正是从"人类历史的第一个前提"和"第一个历史活动"出发,马克思明确地作出结论,"任何历史观的第一件事情就是必须注意上述基本事实的全部意义和全部范围,并给予应有的重视"③。正是基于对历史观的这种理解,马克思和恩格斯把这种研究结果归结为"不是意识决定生活,而是生活决定意识"④,"不是从观念出发来解释实践,而是从物质实践出发来解释各种观念形态"⑤。这样,马克思恩格斯就在历史唯物主义的意义上把人类的实践活动(首先是生产物质生活资料的实践活动)确认为"人的存在何以可能"的根据和"人的解放何以可能"的前提。

1848年,马克思和恩格斯在他们合著的《共产党宣言》中,以他们在《德意志意识形态》中所创立的唯物史观为基础,对于未来的社会作出了简洁明确的表述:"代替那存在着阶级和阶级对立的资产阶级旧社会的,将是这样一个联合体,在那里,每个人

---

① 中共中央马克思恩格斯列宁斯大林著作编译局编译《马克思恩格斯选集》第1卷,人民出版社,2012,第147页。
② 中共中央马克思恩格斯列宁斯大林著作编译局编译《马克思恩格斯选集》第1卷,人民出版社,2012,第158页。
③ 中共中央马克思恩格斯列宁斯大林著作编译局编译《马克思恩格斯选集》第1卷,人民出版社,2012,第159页。
④ 中共中央马克思恩格斯列宁斯大林著作编译局编译《马克思恩格斯选集》第1卷,人民出版社,2012,第152页。
⑤ 中共中央马克思恩格斯列宁斯大林著作编译局编译《马克思恩格斯选集》第1卷,人民出版社,2012,第172页。

的自由发展是一切人的自由发展的条件。"①对此，马克思在后来的研究中更为具体地揭示了人在自己的历史活动中所实现的人自身存在方式的变革。就历史事实而言，人类已经从总体上实现了从"人的依赖关系"转化为"以物的依赖性为基础的人的独立性"。因此，马克思的理论聚焦点，就是不仅揭示这个"以物的依赖性为基础的人的独立性"所造成的人的"异化"状态，而且以其作为人类走出这种"异化"的前提条件。正是基于对人的存在和发展的现实理解，马克思把人的未来的存在方式描述为"建立在个人全面发展和他们共同的社会生产能力成为从属于他们的社会财富这一基础上的自由个性"②。在马克思这里，人类解放并不是某种"状况"，而是一个"过程"，是一个"使现存世界革命化"的过程。马克思明确地提出："共产主义对我们来说不是应当确立的状况，不是现实应当与之相适应的理想。我们所称为共产主义的是那种消灭现存状况的现实的运动。"③因此，马克思进一步提出："实际上，而且对实践的唯物主义者即共产主义者来说，全部问题都在于使现存世界革命化，实际地反对并改变现存的事物。"④"改变世界"的"新世界观"——马克思主义，与"使现存世界革命化"的"现实的运动"——共产主义运动的一致性，构成了理论与实践

---

① 中共中央马克思恩格斯列宁斯大林著作编译局编译《马克思恩格斯选集》第1卷，人民出版社，2012，第422页。
② 中共中央马克思恩格斯列宁斯大林著作编译局编译《马克思恩格斯全集》第30卷，人民出版社，1995，第107—108页。
③ 中共中央马克思恩格斯列宁斯大林著作编译局编译《马克思恩格斯选集》第1卷，人民出版社，1995，第166页。
④ 中共中央马克思恩格斯列宁斯大林著作编译局编译《马克思恩格斯选集》第1卷，人民出版社，1995，第155页。

相统一的，以马克思主义为指引的人类解放事业。

1859年，在《〈政治经济学批判〉序言》中，马克思对自己的研究工作的"总的结果"，即人类历史的发展规律和人类解放的历史任务，作出了如下的精辟表述："人们在自己生活的社会生产中发生一定的、必然的、不以他们的意志为转移的关系，即同他们的物质生产力的一定发展阶段相适合的生产关系。这些生产关系的总和构成社会的经济结构，即有法律的和政治的上层建筑竖立其上并有一定的社会意识形式与之相适应的现实基础。物质生活的生产方式制约着整个社会生活、政治生活和精神生活的过程。不是人们的意识决定人们的存在，相反，是人们的社会存在决定人们的意识。社会的物质生产力发展到一定阶段，便同它们一直在其中运动的现存生产关系或财产关系（这只是生产关系的法律用语）发生矛盾。于是这些关系便由生产力的发展形式变成生产力的桎梏。那时社会革命的时代就到来了。随着经济基础的变更，全部庞大的上层建筑也或慢或快地发生变革。……我们判断一个人不能以他对自己的看法为根据，同样，我们判断这样一个变革时代也不能以它的意识为根据；相反，这个意识必须从物质生活的矛盾中，从社会生产力和生产关系之间的现存冲突中去解释。无论哪一个社会形态，在它所能容纳的全部生产力发挥出来以前，是决不会灭亡的；而新的更高的生产关系，在它的物质存在条件在旧社会的胎胞里成熟以前，是决不会出现的。所以人类始终只提出自己能够解决的任务，因为只要仔细考察就可以发现，任务本身，只有在解决它的物质条件已经存在或者至少是在生成过程中的时候，才会产生。大体说来，亚细亚的、古希腊罗马的、封建的和现代资产阶级的生产方式可以看做是经济的社会形态演进的几个时代。资产阶级的生产关系是社会生产过程的最后一个对抗形式，这里所说的对抗，不是指个人的对抗，而是指从个人的社会生活条件中生长起来的对抗；但是，在资产阶级社会的胎胞里发展的生产力，同时又创造着解决这种对抗的物质条件。因此，人类社会的史前时期就以这种社会形态而告终。"[①] 马克思在这里所表述的研究工作的"总的结果"，就是马克思主义所揭示的人类历史的发展规律。

回顾马克思创建关于人类解放学说的思想历程，概括马克思关于人类解放学说的思想内涵，我们不仅会更为深切地了解作为"革命家"和"思想家"的马克思的生平与事业，而且会更为深切地理解作为"革命家"和"思想家"的马克思的学说和思想，从整体上把握马克思主义的理论体系。

3. 马克思的"三大批判"与马克思主义的"整体性"

作为"最伟大的思想家"的马克思，并不是学院化的学者，而是"为全人类而工作"的革命家；以马克思的名字命名的马克思主义，并不是学院化的学科体系的组合，而是"超学科"的"关于人

[①] 中共中央马克思恩格斯列宁斯大林著作编译局编译《马克思恩格斯选集》第2卷，人民出版社，2012，第2—3页。

类解放的学说"。因此，既不能简单地以学院化的学科分类去理解和阐释以马克思的名字命名的马克思主义，也不能简单地以学科分类的方式去研究和论述以马克思的名字命名的马克思主义。

在《在马克思墓前的讲话》中，恩格斯不仅精辟地概括了马克思的"两大发现"，并且指出"马克思在他所研究的每一个领域""都有独到的发现"，"而且其中任何一个领域他都不是浅尝辄止"①。在马克思那里，"发现人类历史的发展规律"与在各个领域的"独到的发现"，并不是相互割裂的，而是融为一体的。马克思的全部研究工作，都是为了"发现人类历史的发展规律"，特别是发现"资产阶级社会的特殊的运动规律"；而马克思之所以能够有如此伟大的"两大发现"，又是同他在各个领域"都有独到的发现"密不可分的。这表明，马克思主义并不是离开人类文明发展大道的宗派主义，而是人类文明的理论结晶。

马克思主义的"整体性"，首先在于，人们通常所指认的马克思主义的三个主要组成部分——哲学、政治经济学和科学社会主义，并不是作为通行的学科分类意义上的三个学科而存在的，而是作为马克思的"三大批判"——哲学批判、政治经济学批判和空想社会主义批判——所指向的"对现实的一切进行无情的批判"而存在的。从《1844年经济学哲学手稿》到《资本论》，马克思的全部著作都融会着这"三大批判"，而且都把批判的矛头指向"现实

---

① 中共中央马克思恩格斯列宁斯大林著作编译局编译《马克思恩格斯选集》第3卷，人民出版社，2012，第1003页。

的历史"即资本主义社会,并由此构成作为"一整块钢铁"的马克思主义——关于人类解放的学说。

马克思的"三大批判"所开辟的思想道路,最根本的是实现了人类文明史上的"世界观"革命——变革了对人与世界关系的理解。马克思提出:"从前的一切唯物主义(包括费尔巴哈的唯物主义)的主要缺点是:对对象、现实、感性,只是从客体的或者直观的形式去理解,而不是把它们当做感性的人的活动,当做实践去理解,不是从主体方面去理解。因此,和唯物主义相反,唯心主义却把能动的方面抽象地发展了,当然,唯心主义是不知道现实的、感性的活动本身的。"[①]正是在对旧唯物主义和唯心主义的批判中,马克思在人类思想史上第一次明确地提出,"人的思维是否具有客观的[gegenständliche]真理性,这不是一个理论的问题,而是一个实践的问题"[②];"全部社会生活在本质上是实践的。凡是把理论引向神秘主义的神秘东西,都能在人的实践中以及对这个实践的理解中得到合理的解决"[③]。从人的实践活动出发去看待人与世界的关系,并从人的实践活动出发去看待人所追求的真理,从而超越"把理论引向神秘主义的神秘东西",为人类解放开辟现实的思想道路,这就是马克思所实现的具有文明史意义

[①] 中共中央马克思恩格斯列宁斯大林著作编译局编译《马克思恩格斯选集》第 1 卷,人民出版社,2012,第 133 页。
[②] 中共中央马克思恩格斯列宁斯大林著作编译局编译《马克思恩格斯选集》第 1 卷,人民出版社,2012,第 134 页。
[③] 中共中央马克思恩格斯列宁斯大林著作编译局编译《马克思恩格斯选集》第 1 卷,人民出版社,2012,第 135—136 页。

的"世界观"革命。

马克思的世界观革命,并不仅仅是人类文明史上的哲学革命,而且是人类文明史上关于人的全部理论的革命;马克思的世界观革命,并不仅仅是观念层面上的革命,而且是引领人类"改变世界"的革命。这直接地体现在,马克思的哲学批判是融注在他的政治经济学批判和空想社会主义批判之中的。在《〈政治经济学批判〉序言》中,马克思明确地指出,"我的研究得出这样一个结果:法的关系正像国家的形式一样,既不能从它们本身来理解,也不能从所谓人类精神的一般发展来理解,相反,它们根源于物质的生活关系,这种物质的生活关系的总和","应该到政治经济学中去寻求"①。马克思认为,政治经济学所研究的并不是物和物的关系,而是物和物的关系掩盖下的人和人的关系。马克思的政治经济学批判就是揭露在物和物的关系中所掩盖的人和人的关系,从而不仅"发现"了人类历史的发展规律,而且"发现"了资本主义的特殊的运动规律。这深刻地表明,马克思的哲学批判与政治经济学批判是融为一体的,马克思哲学革命与政治经济学革命是不可分割的。

在自己的哲学—政治经济学批判中,马克思曾以一个生动而精辟的论断来揭示英国古典政治经济学和德国古典哲学的本质。马克思说:"如果说有一个英国人把人变成帽子,那么,有一个

---

① 中共中央马克思恩格斯列宁斯大林著作编译局编译《马克思恩格斯选集》第2卷,人民出版社,2012,第2页。

德国人就把帽子变成了观念。这个英国人就是李嘉图,……这个德国人就是黑格尔。"①马克思的这个比喻,是极为深刻和发人深省的。李嘉图在他的政治经济学中,用物和物的关系掩盖了人和人的关系,"把人变成帽子";黑格尔在他的思辨哲学中,把物与物的关系、人与物的关系、人与人的关系都转化为观念,也就是把所有的现实关系都变成了"无人身的理性"的自我运动。马克思的哲学—政治经济学批判,则是从"现实的人"和"现实的历史"出发,深刻地揭示了"物和物的关系"中所掩盖的"人和人的关系",并把自己的哲学—政治经济学批判提升到这样的高度:"任何解放都是把人的世界和人的关系回归于人自身。"②这样,马克思就把他的哲学—政治经济学批判与其批判的目的——人类解放——统一起来了。

马克思的哲学—政治经济学批判,又是同他的空想社会主义批判融为一体的。空想社会主义者针对资本主义社会的残酷现实与资产阶级思想家所许诺的"自由、平等、博爱"之间的尖锐矛盾,对资本主义社会进行了有力的揭露和批判。然而,空想社会主义者所揭露和批判的并不是资产阶级思想家的理论,而恰恰是以资产阶级思想家关于"人性"的理论去批判现实。所以,空想社会主义只能说明资本主义的现实是应当谴责和诅咒的,而无法说

---

① 中共中央马克思恩格斯列宁斯大林著作编译局编译《马克思恩格斯选集》第1卷,人民出版社,2012,第216页。
② 中共中央马克思恩格斯列宁斯大林著作编译局编译《马克思恩格斯全集》第3卷,人民出版社,2002,第189页。

明资本主义制度灭亡的历史必然性；只能说明无产阶级是一个受苦的阶级，而无法说明无产阶级的历史使命和实现自身解放的条件；只能对社会主义的未来作出种种美好的设想，而不能指明实现社会主义的条件和进程。所以，对于人类自身的解放，空想社会主义充其量也只能是一种"幻想的武器"。马克思的哲学—政治经济学—空想社会主义批判，则把"幻想的武器"变为"现实的武器"，为无产阶级的社会主义革命指明了现实的道路。正因如此，列宁明确地指出："社会主义学说正是在它抛弃了关于合乎人的本性的社会条件的议论，而着手唯物主义地分析现代社会关系并说明现在剥削制度的必然性的时候取得成就的。"①正是在马克思的"政治经济学批判"的理论巨著《资本论》中，马克思对人类社会的最后一个剥削制度——资本主义制度——的运动规律作出了无可辩驳的论证，从而使社会主义学说由空想变为科学。这就要求我们，在阅读《全集》的过程中，认真地研读马克思的理论巨著《资本论》。只有真切地把握《资本论》的思想内涵及其当代意义，才能真正地"走进马克思"。

4. 马克思的《资本论》及其当代意义

马克思毕生研究的伟大成果《资本论》，是关于"现实的人及其历史发展的科学"，是关于"人类解放"的理论巨著。马克思的争取

---

① 中共中央马克思恩格斯列宁斯大林著作编译局编译《列宁选集》第1卷，人民出版社，2012，第52页。

人类解放的社会理想和价值诉求，马克思所揭示的人类解放的历史规律和现实道路，马克思的哲学—政治经济学—空想社会主义批判的理论成果，都集中地体现在《资本论》中。离开《资本论》，就无法深入地、系统地掌握马克思主义关于人类解放和人的全面发展的科学社会主义理论，就无法真实地、全面地理解马克思主义的当代意义和当代价值，因而也就无法真正地"走进马克思"。

在《关于费尔巴哈的提纲》中，马克思就明确地提出："人的本质不是单个人所固有的抽象物，在其现实性上，它是一切社会关系的总和。"[①]这表明，揭示人类历史的发展规律，探索人类解放的现实道路，就不能从"抽象的人"出发，而必须从"现实的人"出发；关于人类历史发展规律和关于人类解放现实道路的理论，就不能是"关于人的本性"的抽象议论，而只能是"关于现实的人及其历史发展的科学"。马克思的《资本论》，就是以"现实的人"为出发点所构成的"关于现实的人及其历史发展的科学"。

什么是"现实的人"？人的现实性就在于，"人们首先必须吃、喝、住、穿"，因此，"直接的物质的生活资料的生产"就构成现实的人及其历史发展的"基础"。离开这个基础，就构不成现实的人，就构不成人的一切社会关系，就构不成人的历史发展。现实的人以"直接的物质的生活资料的生产"为基础而构成人的经济关系，并以经济关系为基础构成人的一切社会关系。因此，马

---

① 中共中央马克思恩格斯列宁斯大林著作编译局编译《马克思恩格斯选集》第 1 卷，人民出版社，2012，第 135 页。

克思的关于现实的人及其历史发展的科学，就必须以人的"经济关系"及其历史发展去揭示人的"一切社会关系"及其历史发展，就必须从"物和物的关系"去揭示"人和人的关系"。马克思的《资本论》，正是以物和物的关系掩盖下的人和人的关系为实质内容的"关于现实的人及其历史发展的科学"。

关于《资本论》的"资本"，马克思明确地指出，"资本不是物，而是一定的、社会的、属于一定历史社会形态的生产关系，后者体现在一个物上，并赋予这个物以特有的社会性质"[①]；"资本是资产阶级社会的支配一切的经济权力"[②]。正是"资本"以"物和物的关系"掩盖了资本主义社会的"人和人的关系"，并作为"支配一切的经济权利"而决定了"现实的人"和"现实的历史"。在资本主义社会，"现实的人"就是受资本支配的人，"现实的历史"就是受资本支配的历史。因此，只有以"资本"为对象，才能揭示资本主义的运动规律，才能构成马克思主义的"关于现实的人及其历史发展的科学"，才能为人类解放提供真实的社会理想并指明现实的解放道路。这是马克思以其毕生心血创作《资本论》的根本原因之所在，也是《资本论》具有无可替代的巨大的当代意义的根本依据之所在。

资本主义社会直接地表现为"庞大的商品堆积"，因此，马克

[①] 中共中央马克思恩格斯列宁斯大林著作编译局编译《马克思恩格斯选集》第2卷，人民出版社，2012，第644页。

[②] 中共中央马克思恩格斯列宁斯大林著作编译局编译《马克思恩格斯选集》第2卷，人民出版社，2012，第707页。

思的《资本论》"就从分析商品开始"①。马克思对商品的分析,最为重要的是揭示了商品的"二重性",从而揭示了物和物的关系中所掩盖的人和人的关系。《资本论》提出:"商品是一种二重的东西,即使用价值和交换价值。"②而商品的二重性的根源,则在于生产商品的劳动的二重性。马克思说:"一切劳动,一方面是人类劳动力在生理学意义上的耗费;就相同的或抽象的人类劳动这个属性来说,它形成商品价值。一切劳动,另一方面是人类劳动力在特殊的有一定目的的形式上的耗费;就具体的有用的劳动这个属性来说,它生产使用价值。"③这就是《资本论》所揭示的"一切劳动"的"抽象劳动"与"具体劳动"的"二重性"。马克思说,"劳动的二重性",是理解政治经济学的"枢纽"。只有从劳动的二重性这个"枢纽"出发,才能破解"现实的人及其历史发展"的秘密,才能破解"现实的历史"即资本主义的运动规律。

商品作为用来交换的劳动产品,商品的交换,本质上是劳动的交换;正是在以劳动交换为实质的商品交换中,构成了人作为"一切社会关系的总和"的现实基础。因此,探索"现实的人及其历史发展",首先就要诉诸商品交换的实现方式及其历史发展。对此,马克思深刻地指出:"毫不相干的个人之间的互相的和全面的依赖,构成他们的社会联系。这种社会联系表现在交换价值

---

① 中共中央马克思恩格斯列宁斯大林著作编译局编译《马克思恩格斯全集》第44卷,人民出版社,2001,第47页。
② 中共中央马克思恩格斯列宁斯大林著作编译局编译《马克思恩格斯选集》第2卷,人民出版社,2012,第101页。
③ 中共中央马克思恩格斯列宁斯大林著作编译局编译《马克思恩格斯选集》第2卷,人民出版社,2012,第106页。

上，因为对于每个个人来说，只有通过交换价值，他自己的活动或产品才成为他的活动或产品；他必须生产一般产品——交换价值，或本身孤立化的、个体化的交换价值，即货币。另一方面，每个个人行使支配别人的活动或支配社会财富的权力，就在于他是交换价值的或货币的所有者。他的衣袋里装着自己的社会权力和自己同社会的联系。"①马克思的论述表明，"货币"，它作为固定的充当一般等价物的特殊商品，其秘密就在于，它把人和人的关系异化为物和物的关系，它把人们之间的普遍联系异化为物的普遍交换的关系，从而构成了"以物的依赖性为基础的人的独立性"的人的存在方式。

作为"现实的历史"，资本主义社会之所以是"资本"主义社会，就在于"支配一切的经济权力"，并不是"作为货币的货币"，而是"作为资本的货币"。在《资本论》中，马克思着力考察了"作为货币的货币和作为资本的货币的区别"②，从而揭示了"资本"的运动逻辑：以货币为起点和终点的运动逻辑，以货币为动机和目的的运动逻辑，以货币增值为内容的"没有限度"和"没有止境"的运动逻辑。"资本"的运动逻辑，不仅"使人和人之间除了赤裸裸的利害关系，除了冷酷无情的'现金交易'，就再也没有任何别的联系了"③，而且"按照自己的面貌为自己创造出一个世

---

① 中共中央马克思恩格斯列宁斯大林著作编译局编译《马克思恩格斯全集》第30卷，人民出版社，1995，第106页。
② 中共中央马克思恩格斯列宁斯大林著作编译局编译《马克思恩格斯全集》第44卷，人民出版社，2001，第172页。
③ 中共中央马克思恩格斯列宁斯大林著作编译局编译《马克思恩格斯选集》第1卷，人民出版社，2012，第403页。

界",造成人的全部社会关系的异化和人的整个生活意义的异化。因此,只有把人从对"物的依赖性"中解放出来,也就是把"资本"的独立性和个性变为"人"的独立性和个性,才能实现人类解放和人的全面发展。这就是《资本论》所揭示的物和物的关系掩盖下的人和人的关系,这就是《资本论》所创建的"关于现实的人及其历史发展的科学",这就是《资本论》所指明的人类解放的历史规律和现实道路。

《资本论》表明,人类解放和人的全面发展的社会理想和价值诉求,是以人类社会的历史发展规律,特别是以资本主义社会的特殊运动规律为基础的,因而是一个现实的而非虚幻的历史性的实现过程。"资产阶级的生产关系是社会生产过程的最后一个对抗形式,这里所说的对抗,不是指个人的对抗,而是指从个人的社会生活条件中生长出来的对抗;但是,在资产阶级社会的胎胞里发展的生产力,同时又创造着解决这种对抗的物质条件。因此,人类社会的史前时期就以这种社会形态而告终。"①"代替那存在着阶级和阶级对立的资产阶级旧社会的,将是这样一个联合体,在那里,每个人的自由发展是一切人的自由发展的条件。"②这就是《资本论》所展现的马克思主义的真理力量,这就是《资本论》所塑造的新的时代精神,这就是《资本论》所引导的人类文明

---

① 中共中央马克思恩格斯列宁斯大林著作编译局编译《马克思恩格斯选集》第 2 卷,人民出版社,2012,第 3 页。
② 中共中央马克思恩格斯列宁斯大林著作编译局编译《马克思恩格斯选集》第 1 卷,人民出版社,2012,第 422 页。

的新形态。

深刻理解作为"革命家"和"思想家"的马克思，深刻理解关于无产阶级和人类解放的马克思主义，牢牢把握作为"一整块钢铁"的马克思主义，特别是真切地领悟《资本论》的基本思想及其当代意义，才能在阅读《马克思恩格斯全集》的过程中，从总体上把握马克思主义理论体系。

(二)精读《选集》：从思想上领悟马克思主义基本原理

在阅读《选集》的过程中，需要"下大气力、下苦功夫"精读《选集》。精读《选集》，能够引导我们在马克思主义经典作家的博大精深的理论体系和知识体系中，集中地领悟马克思主义基本原理。

《选集》第一版出版于1972年，第二版出版于1995年，第三版出版于2012年。已出版的《选集》均为四卷本。《选集》第一版的译文选自《全集》第一版；第二版对第一版所选文献作了调整，增删了若干篇著作和书信；第三版对第二版的整体结构作了必要调整，并对各卷篇目作了适当的增删，所收的著作按编年与专题相结合的方式编排。

1. 关于《选集》第1卷

《选集》第1卷选收了马克思、恩格斯1843—1859年的著作，以及他们后来为一些著作撰写的序言和导言。在这一时期,马克思、恩格斯积极投身于理论研究和革命实践活动,把自己的命运同无产阶级解放事业紧紧地联系在一起,完成了从唯心主义向唯物主义、从革命民主主义向共产主义的转变,创立了历史唯物主义,形成了新世界观。

本卷开篇部分选收的马克思《〈黑格尔法哲学批判〉导言》和恩格斯《国民经济学批判大纲》,均写于1843年至1844年初,标志着马克思、恩格斯彻底完成了世界观和立场的转变,明确地阐述了无产阶级消灭一切奴役、实现人的解放的历史使命。马克思的《1844年经济学哲学手稿》,在剖析资本主义经济制度和资产阶级经济学的过程中,提出了新的经济学观点、哲学观点和共产主义理论观点。恩格斯在1844—1845年撰写的《英国工人阶级状况》中,以生动具体的材料展现了工人阶级在资本主义制度下惨遭剥削和压迫的状况,揭示了产生这种状况的社会根源,指明了工人运动的前进方向。

本卷选收的马克思写于1845年春的《关于费尔巴哈的提纲》,被恩格斯称作"包含着新世界观的天才萌芽的第一个文件",在对全部旧哲学的批判中,指出以往的哲学家只是用不同的方式解释世界,而问题在于改变世界。马克思和恩格斯于1845—1846年合著的《德意志意识形态》,首次对唯物史观作出系统的论述,为科学社会主义奠定了哲学基础。马克思写于1847年的《哲学的贫困》,批判了蒲鲁东的唯心史观和形而上学方法论,进一步阐发了历史唯物主义基本原理。

本卷选收的马克思和恩格斯合著的《共产党宣言》,是科学社会主义的第一个纲领性文献,标志着马克思主义的诞生。《共产党宣言》从实践方面和理论方面阐述了共产党的性质、纲领、策略和使命,提出共产主义社会"将是这样一个联合体,在那里,每个人的自由发展是一切人的自由发展的条件"。

本卷选收的马克思写于1848—1849年的《危机和反革命》《资产阶级和反革命》,写于1849—1850年的《1848年至1850年的法兰西阶级斗争》,写于1851—1853年的《路易·波拿巴的雾月十八日》,恩格斯写于1851—1852年的《德国的革命和反革命》,以唯物史观透视重大历史事件,科学总结革命经验,深刻揭示历史规律,既在对历史事件的研究中阐发了马克思主义的基本原理,又为我们研究和透视重大的历史事件提供了理论典范。

2. 关于《选集》第 2 卷

《选集》第 2 卷的主要内容是马克思《资本论》的节选和经济学手稿的摘选,以及马克思、恩格斯的四篇经济学论著。这一卷集中地体现了马克思的经济学研究在政治经济学领域实现的彻底的革命及其为科学社会主义奠定的理论基础。

本卷首篇著作是马克思写于 1859 年的《〈政治经济学批判〉序言》。这篇序言,阐述了马克思的研究的总的结果,对唯物史观作出经典表述,揭示了人类社会发展的一般规律,集中地表达了马克思主义的基本原理:"人们在自己生活的社会生产中发生一定的、必然的、不以他们的意志为转移的关系,即同他们的物质生产力的一定发展阶段相适合的生产关系。这些生产关系的总和构成社会的经济结构,即有法律的和政治的上层建筑竖立其上并有一定的社会意识形式与之相适应的现实基础。物质生活的生产方式制约着整个社会生活、政治生活和精神生活的过程。不是人们的意识决定人们的存在,相反,是人们的社会存在决定人们的意识。社会的物质生产力发展到一定阶段,便同它们一直在其中运动的现存生产关系或财产关系(这只是生产关系的法律用语)发生矛盾。于是这些关系便由生产力的发展形式变成生产力的桎梏。那时社会革命的时代就到来了。随着经济基础的变更,全部庞大的上层建筑也或慢或快地发生变革。""无论哪一个社会形态,在它所能容纳的全部生产力发挥出来以前,是决不会灭亡的;而新的更高的生产关系,在它的物质存在条件在旧社会的胎胞里成熟以前,是决不会出现的。所以人类始终只提出自己能够解决的任务,因为只要仔细考察就可以发现,任务本身,只有在解决它的物质条件已经存在或者至少是在生成过程中的时候,才会产生。大体说来,亚细亚的、古希腊罗马的、封建的和现代资产阶级的生产方式可以看做是经济的社会形态演进的几个时代。资产阶级的生产关系是社会生产过程的最后一个对抗形式,这里所说的对抗,不是指个人的对抗,而是指从个人的社会生活条件中生长出来的对抗;但是,在资产阶级社会的胎胞里发展的生产力,同时又创造着解决这种对抗的物质条件。因此,人类社会的史前时期就以这种社会形态而告终。"①

本卷的主要内容是马克思《资本论》一、二、三卷的节选。作为"一整块钢铁"的马克思主义集中地体现在马克思的理论巨著《资本论》中。《资本论》是马克思的哲学批判、政治经济学批判和空想社会主义批判的理论结晶,揭示了资本主义社会的经济运动规律和资本主义产生、发展和灭亡的历史规律,论证了资本主义被共产主义取代的历史必然性,为科学社会主义奠定了坚实的理论基础。《资本论》的第一版序言和第二版跋,集中地阐述了《资本论》的研究对象和研究方法,《资本论》第一卷主要研究资本的生产过程和剩余价值的生产,《资本论》第二卷主要研究资本的流通过程和剩余价值的实现,《资本论》第三卷主要揭示和阐明资本主义生产总过程和剩余价值的分配。

本卷还选收了马克思写于1857年的《〈政治经济学批判〉导言》,摘选了马克思的《政治经济学批判(1857—1858年手稿)》和《政治经济学批判(1861—1863年手稿)》。在《〈政治经济学批判〉导言》中,马克思详细地论述了他所从事的政治经济学研究的对象和方法,深刻地阐发了从抽象上升到具体的构建经济学逻辑方法。《政治经济学批判(1857—1858年手稿)》是一部庞大的经济学手稿,这部内容丰富的手稿被视为《资本论》的最初稿。在这

---

① 中共中央马克思恩格斯列宁斯大林著作编译局编译《马克思恩格斯选集》第2卷,人民出版社,2012,第2—3页。

部手稿中，马克思第一次制定了他的价值理论，并在此基础上制定了剩余价值理论。在这部手稿的《货币》章中，马克思深刻地论述了"货币"加深了以私人交换为基础的产品生产的一切矛盾。在这部手稿的《资本》章中，马克思从理论上科学地阐明了资本主义剥削的本质和机制。在《政治经济学批判(1861—1863年手稿)》中，马克思研究了资本主义社会中的生产劳动和非生产劳动问题，对经济危机作了系统的阐述，具体论述了未来社会中重新建立个人所有制，指出这个所有制是"联合起来的、社会的个人的所有制"。

3. 关于《选集》第 3 卷

《选集》第3卷选收了马克思、恩格斯在1864—1883年期间的著作，以及恩格斯后来为马克思和他本人的一些著作写的序言和导言。这一时期马克思恩格斯的理论研究取得丰硕成果，本卷选收的马克思的《法兰西内战》和《哥达纲领批判》、恩格斯的《反杜林论》和《自然辩证法》，蕴含和体现了马克思主义的重要的基本原理，恩格斯的《在马克思墓前的讲话》精辟地概括了马克思的"两大发现"，深刻地阐明了马克思主义的实质内容和历史使命。

马克思写于1871年的《法兰西内战》，全面总结了巴黎公社的战斗历程和历史经验，集中地阐发了马克思主义关于阶级斗争、国家、无产阶级革命和无产阶级专政的理论，是科学社会主义的宝贵的重要文献。在写于1875年的《哥达纲领批判》中，马克思第一次区分了共产主义社会发展的两个阶段，阐明了两个阶段的基本特征和分配原则，指出在资本主义社会和共产主义社会之间有一个政治上的过渡时期，这个时期的国家只能是无产阶级的革命专政。

恩格斯写于1876—1878年的《反杜林论》，是为批判德国小资产阶级社会主义者杜林在哲学、政治经济学和社会主义领域宣扬的错误观点而写的一部马克思主义重要著作。在这部著作中，恩格斯通过对杜林观点的批判，第一次系统地阐明了马克思主义的哲学、政治经济学和科学社会主义的基本原理及其内在联系。由《反杜林论》部分内容改编而成的《社会主义从空想到科学的发展》，对科学社会主义的形成过程和基本原理作了系统阐述，被马克思称为"科学社会主义的入门"。

恩格斯写于1873—1882年的《自然辩证法》，把自觉的辩证法运用于唯物主义的自然观和历史观，深刻地阐述了辩证法的基本规律和辩证法的理论思维，强调"一个民族要想站在科学的最高峰，就一刻也不能没有理论思维"[①]。在《劳动在从猿到人的转变中的作用》一文中，恩格斯对劳动在人类起源中的作用作出系统阐述和科学论证，并深刻地阐述了正确处理人与自然的关系的思想。

---

① 中共中央马克思恩格斯列宁斯大林著作编译局编译《马克思恩格斯选集》第3卷，人民出版社，2012，第875页。

《在马克思墓前的讲话》和《卡尔·马克思》,是评价马克思伟大一生和概括马克思主义基本原理的两篇重要文献,对于我们深刻理解作为"革命家"和"思想家"的马克思、深刻理解马克思的"两大发现"、深刻理解马克思主义,具有重大意义。

4. 关于《选集》第 4 卷

《选集》第 4 卷选收了恩格斯 1884—1895 年的著作以及马克思和恩格斯 1842—1895 年的 102 封书信。

1883 年马克思逝世后,恩格斯呕心沥血整理马克思的文献遗产,编辑和出版了《资本论》第二、三卷,公开发表或再版了马克思的许多重要论著,为捍卫和发展马克思主义、传播科学社会主义真理进行了不懈努力,独立地承担起指导工人运动的历史重任。在此期间,恩格斯撰写了《家庭、私有制和国家的起源》《路德维希·费尔巴哈和德国古典哲学的终结》等重要理论著作,丰富了马克思主义思想宝库,阐述了马克思主义的重要的基本原理。

恩格斯写于 1884 年的《家庭、私有制和国家的起源》是阐发历史唯物主义基本理论的重要著作。在这部著作中,恩格斯以唯物史观系统地研究了人类社会早期发展阶段的历史,揭示了原始社会解体和以私有制为基础的阶级社会形成过程,阐述了国家的起源、国家的本质特征及其发展和消亡的规律。在这部著作中,恩格斯还系统地论证和阐述了唯物史观的两种生产理论，即关于生活资料的生产和人自身的生产的理论，并依据"两种生产"的理论揭示了家庭、私有制发生和发展的历史规律，阐述了私有制基础上的阶级对抗，指明了私有制、阶级和国家的历史性质，进一步论证了社会主义必然取代资本主义的历史必然性。

恩格斯写于1886年的《路德维希·费尔巴哈和德国古典哲学的终结》是阐述马克思的哲学革命及其开辟的哲学道路的重要著作，也是阐述马克思主义哲学基本原理的重要著作。在这部著作中，恩格斯系统地论述了马克思主义哲学同德国古典哲学之间的批判继承和本质区别，深刻地揭示了马克思主义哲学的诞生在哲学领域中引起革命变革的实质和意义，指出马克思主义哲学是"关于现实的人及其历史发展的科学"[①]。在这部著作中，恩格斯明确提出哲学的"重大的基本问题"是"思维和存在的关系问题"[②]，阐明了划分唯物主义与唯心主义的科学依据。在这部著作中，在对费尔巴哈人本学的批判中，恩格斯阐述了唯物主义的历史形态，丰富和发展了历史唯物主义的基本原理。

本卷的《马克思恩格斯书信选编》（以下简称《书信选编》），是马克思主义文献遗产和思想贡献的重要组成部分，对于我们完整准确地把握马克思主义思想体系、深刻理解马克思主义基本原

---

① 中共中央马克思恩格斯列宁斯大林著作编译局编译《马克思恩格斯选集》第4卷，人民出版社，2012，第247页。
② 中共中央马克思恩格斯列宁斯大林著作编译局编译《马克思恩格斯选集》第4卷，人民出版社，2012，第229页。

理，具有十分重要的价值。《书信选编》展现了马克思和恩格斯关于他们的重要著作的理论探讨，生动地反映了他们的重要的理论观点的形成和发展过程，对于我们深入理解他们的理论著作及其理论观点具有不可或缺的重大价值。《书信选编》所选的马克思和恩格斯关于历史唯物主义的通信，阐述了物质生产力在历史发展中起最终决定作用、生产力和生产关系之间的辩证关系以及它们的矛盾运动导致社会革命的历史唯物主义基本原理，阐述了历史进程表现为社会生活各种因素之间的相互作用、历史发展是各种因素的合力作用的结果的历史唯物主义基本原理，阐述了关于人民群众的历史作用、关于阶级和阶级斗争、关于未来社会的历史唯物主义基本原理。马克思和恩格斯的书信，一再强调要把理论和实践结合起来，"我们的理论是发展着的理论，而不是必须背得烂熟并机械地加以重复的教条"①，始终反对对他们的理论采取教条主义的态度。这些思想对于我们学习、领会和把握马克思主义基本原理，是极其宝贵和极其重要的。

（三）深研"名篇"：从重点上掌握马克思主义核心思想

在阅读《全集》和精读《选集》的过程中，要注重深研"名篇"，

---

① 中共中央马克思恩格斯列宁斯大林著作编译局编译《马克思恩格斯选集》第 4 卷，人民出版社，2012，第 588 页。

掌握马克思主义的核心思想和"活的灵魂"，使之成为我们观察和分析一切问题的立场、观点和方法。

在马克思、恩格斯、列宁和毛泽东的卷帙浩繁的理论著述中，我们应当反复地阅读和深入地钻研体现马克思主义基本原理的一系列"名篇"，诸如马克思、恩格斯的《共产党宣言》《德意志意识形态》，马克思的《关于费尔巴哈的提纲》《〈政治经济学批判〉序言》，恩格斯的《社会主义从空想到科学的发展》《在马克思墓前的讲话》，列宁的《卡尔·马克思》《马克思主义的三个来源和三个组成部分》《谈谈辩证法问题》，毛泽东的《反对本本主义》《中国革命战争的战略问题》《中国革命和中国共产党》《新民主主义论》《改造我们的学习》《实践论》《矛盾论》等影响深远的名篇。这里，我们以学习毛泽东的《实践论》《矛盾论》为例，谈谈深入研究"名篇"的体会。

《实践论》和《矛盾论》是毛泽东哲学思想的代表作，是具有中国特色、气派和风格的马克思主义哲学的里程碑之作。如何理解《实践论》《矛盾论》，怎样把握这两部"名篇"的"活的灵魂"，不仅关系着对毛泽东哲学思想的总体把握，而且关系着如何在当代坚持和发展马克思主义。因此，我们以深研《实践论》《矛盾论》为例，具体地谈谈如何在研究马克思主义经典作家的"名篇"中掌握马克思主义的核心思想和"活的灵魂"。

毛泽东的《实践论》《矛盾论》，是为了反对以经验主义和教条主义为表现形式的主观主义、确立马克思主义的实事求是的思想路线而写作的，是为了树立理论联系实际的马克思主义学风、实现马克思主义与中国实际相结合而写作的。《实践论》《矛盾论》的理论宗旨，就是为解决思想路线问题奠定坚实的哲学基础。把握住这个理论宗旨，才能深刻地理解《实践论》《矛盾论》。

思想路线问题，从根本上说，就是如何认识和改造世界，怎样分析和解决问题的立场、观点和方法问题，就是毛泽东本人精辟概括的"实事求是"问题。主观与客观如何统一，理论与实际怎样结合，如何从"实事"中"求是"，这是《实践论》《矛盾论》的共同的理论宗旨。在《实践论》中，毛泽东明确地指出："唯心论和机械唯物论，机会主义和冒险主义，都是以主观和客观相分裂，以认识和实践相脱离为特征的。以科学的社会实践为特征的马克思列宁主义的认识论，不能不坚决反对这些错误思想。"[1]在《矛盾论》中，毛泽东同样明确地指出，"我们现在的哲学研究工作，应当以扫除教条主义思想为主要的目标"[2]，如果我们真正懂得了唯物辩证法，"我们就能够击破违反马克思列宁主义基本原则的不利于我们的革命事业的那些教条主义的思想；也能够使有经验的同志们整理自己的经验，使之带上原则性，而避免重复经验主义的错误"[3]。

为了实现克服教条主义和经验主义这个理论宗旨，必须从哲学上解决两大问题：一是以实践的观点阐述认识的矛盾运动，使人们从认识活动的基本规律上自觉地实现主观与客观的统一、理论与实际的结合；二是以实践的观点阐述认识矛盾的世界观和方法论，使人们从思维方式和思维能力上自觉地实现主观与客观的

---

[1] 毛泽东：《毛泽东选集》第一卷，人民出版社，1991，第295页。
[2] 毛泽东：《毛泽东选集》第一卷，人民出版社，1991，第299页。
[3] 毛泽东：《毛泽东选集》第一卷，人民出版社，1991，第337页。

统一、理论与实际的结合。《实践论》侧重回答的是前一个问题，《矛盾论》侧重回答的是后一个问题，但它们共同回答的是主观与客观如何统一、理论与实际怎样结合的问题，也就是反对和克服以各种形式所表现出来的主观主义问题。把握住这个理论宗旨，才能从认识论和辩证法的统一中理解《实践论》和《矛盾论》。

《实践论》的副标题是"论认识和实践的关系——知和行的关系"，主要内容是讲实践与认识的关系，并具体地阐述了认识的实践基础、认识的运动过程，如何获得和检验真理，怎样实现主观与客观的历史的和具体的统一，因此被公认为是毛泽东的认识论。问题在于，《矛盾论》讲辩证法，为何也是认识论？只要认真研读这部哲学著作，我们就会发现，它讲的是如何用矛盾的观点观察事物、分析问题的辩证法，讲的是克服唯心主义的先验论和旧唯物主义的直观反映论的辩证法，讲的是认识的能动反映的辩证法，讲的是以实践论为基础并以实践活动为内容的辩证法。毛泽东明确地指出："这个辩证法的宇宙观，主要地就是教导人们要善于去观察和分析各种事物的矛盾的运动，并根据这种分析，指出解决矛盾的方法。"①如何"分析"矛盾，怎样"研究"问题，这是《矛盾论》的出发点，也是《矛盾论》的聚焦点。《矛盾论》的辩证法，是在"认识论"意义上讲"辩证法"，是以"实践论"为根基讲"辩证法"。

《矛盾论》首先分析的是矛盾的普遍性与特殊性，但是，毛泽东并不是描述性地叙述矛盾的普遍性与特殊性，而是从认识论提出问题。毛泽东说："就人类认识运动的秩序说来，总是由认识

---

① 毛泽东：《毛泽东选集》第一卷，人民出版社，1991，第304页。

二、系统地钻研马克思主义经典著作

个别的和特殊的事物,逐步地扩大到认识一般的事物。人们总是首先认识了许多不同事物的特殊的本质,然后才有可能更进一步地进行概括工作,认识诸种事物的共同的本质。"①接着毛泽东又说:"当着人们已经认识了这种共同的本质以后,就以这种共同的认识为指导,继续地向着尚未研究过的或者尚未深入地研究过的各种具体的事物进行研究,找出其特殊的本质,这样才可以补充、丰富和发展这种共同的本质的认识,而使这种共同的本质的认识不致变成枯槁和僵化的东西。"②由此,毛泽东在《矛盾论》中对人的认识规律作出这样的概括:"这是两个认识的过程:一个是由特殊到一般,一个是由一般到特殊。人类的认识总是这样循环往复地进行的,而每一次的循环(只要是严格地按照科学的方法)都可能使人类的认识提高一步,使人类的认识不断地深化。"③《矛盾论》从"特殊"与"一般"的关系所阐述的认识规律,与《实践论》所总结的"实践、认识、再实践、再认识,这种形式,循环往复以至无穷,而实践和认识之每一循环的内容,都比较地进到了高一级的程度"④的人类认识规律是完全一致的。

关于矛盾的特殊性,《矛盾论》集中地、突出地讲了两个问题:一是"主要的矛盾",二是"主要的矛盾方面"。关于"主要的矛盾",毛泽东所强调的是,"研究任何过程,如果是存在着两个以上矛盾的复杂过程的话,就要用全力找出它的主要矛盾。捉住了这个主要矛盾,一切问题就迎刃而解了"⑤。对此,毛泽东十分

---

① 毛泽东:《毛泽东选集》第一卷,人民出版社,1991,第309—310页。
② 毛泽东:《毛泽东选集》第一卷,人民出版社,1991,第310页。
③ 毛泽东:《毛泽东选集》第一卷,人民出版社,1991,第310页。
④ 毛泽东:《毛泽东选集》第一卷,人民出版社,1991,第297页。
⑤ 毛泽东:《毛泽东选集》第一卷,人民出版社,1991,第322页。

尖锐地指出:"万千的学问家和实行家,不懂得这种方法,结果如堕烟海,找不到中心,也就找不到解决矛盾的方法。"①这表明,毛泽东并不是在通常所说的"辩证法"的意义上讲述"主要的矛盾",而是非常鲜明地在"认识论""方法论"的意义上揭示"捉住"主要矛盾的实践意义。关于"主要的矛盾方面",毛泽东不仅指出"事物的性质主要地是由取得支配地位的矛盾的主要方面所规定的"②,而且强调"取得支配地位的矛盾的主要方面起了变化,事物的性质也就随着其变化"③。《矛盾论》关于"主要的矛盾方面"的论述,主要是从事物性质的变化而说明"新陈代谢是宇宙间普遍的永远不可抵抗的规律"④,并以此为根据来说明社会主义取代资本主义的历史必然性、新中国取代旧中国的历史必然性、中国革命力量由小到大和由弱到强的历史必然性。这表明,与论述"主要的矛盾"一样,毛泽东并不是一般性地说明"主要的矛盾方面",而是非常鲜明地在如何认识客观事物,特别是在如何认识重大现实问题的意义上揭示懂得"主要的矛盾方面"的意义。

在分析矛盾的普遍性与特殊性,特别是在分析矛盾特殊性的"主要的矛盾"和"主要的矛盾方面"的基础上,《矛盾论》又分析了"矛盾诸方面的同一性和斗争性"。对于这个问题,毛泽东是以列宁的下述论断为出发点的:"辩证法是这样的一种学说:它研

---

① 毛泽东:《毛泽东选集》第一卷,人民出版社,1991,第322页。
② 毛泽东:《毛泽东选集》第一卷,人民出版社,1991,第323页。
③ 毛泽东:《毛泽东选集》第一卷,人民出版社,1991,第323页。
④ 毛泽东:《毛泽东选集》第一卷,人民出版社,1991,第323页。

究对立怎样能够是同一的,又怎样成为同一的(怎样变成同一的),——在怎样的条件之下它们互相转化,成为同一的,——为什么人的头脑不应当把这些对立看作死的、凝固的东西,而应当看作生动的、有条件的、可变动的、互相转化的东西。"①这表明,与分析矛盾的普遍性与特殊性一样,毛泽东对矛盾的同一性与斗争性的分析,同样是着眼于"研究"矛盾着的双方是如何相互依存,又如何相互转化的,要回答的问题则是"为什么人的头脑"必须把矛盾的双方"看做"是生动的、有条件的、可变动的、互相转化的东西。在对矛盾的同一性的分析中,毛泽东明确地提出,"事物不是矛盾双方相互依存就完了,更重要的,还在于矛盾着的事物的相互转化"②。由此,毛泽东具体地分析了"被统治的无产阶级经过革命转化为统治者,原来是统治者的资产阶级却转化为被统治者","拥有土地的地主阶级转化为失掉土地的阶级,而曾经是失掉土地的农民却转化为取得土地的小私有者",以及"战争转化为和平""和平转化为战争"③等重大的现实问题。在对矛盾的斗争性的分析中,毛泽东则突出地提出和回答了"对抗在矛盾中的地位"问题。毛泽东提出,"矛盾和斗争是普遍的、绝对的,但是解决矛盾的方法,即斗争的形式,则因矛盾的性质不同而不相同",并以如何看待和对待"共产党内正确思想和错误思想

---

① 毛泽东:《毛泽东选集》第一卷,人民出版社,1991,第327页。
② 毛泽东:《毛泽东选集》第一卷,人民出版社,1991,第328页。
③ 毛泽东:《毛泽东选集》第一卷,人民出版社,1991,第329、330页。

的矛盾"①为例，深刻地说明了解决矛盾的方法"因矛盾的性质不同而不同"的道理。

《矛盾论》从头到尾，贯穿始终的是如何"认识"和"研究"矛盾，怎样"对待"和"解决"矛盾，也就是在"认识论"的意义上讲述"辩证法"，在"实践论"的意义上发挥"辩证法"。《矛盾论》是认识论的辩证法，是实践智慧的辩证法。《实践论》讲认识论，讲的是认识的辩证关系的认识论，讲的是认识的辩证运动的认识论，讲的是克服形而上学的思维方式、运用辩证法的思维方式的认识论。因此，《实践论》的认识论，并不是简单地"把辩证法应用于认识论"，而是以辩证法为内容的认识论，是运用辩证思维分析问题的认识论，是作为实践智慧的认识论。《实践论》和《矛盾论》，既是认识论的辩证法，又是辩证法的认识论。

《实践论》的切入点，就是认识与实践、知与行的辩证关系。围绕这个基本的辩证关系，《实践论》具体地分析和阐述了感性认识与理性认识的辩证关系、直接经验与间接经验的辩证关系、相对真理与绝对真理的辩证关系，特别是理论与实践的辩证关系，揭示了认识的辩证运动规律。认识的辩证关系和认识的辩证运动，构成《实践论》的基本内容。离开这些辩证关系，就不是《实践论》；离开辩证思维，就无法理解《实践论》。

在阐述马克思主义的实践观的基础上，毛泽东在《实践论》中

---

① 毛泽东：《毛泽东选集》第一卷，人民出版社，1991，第335页。

提出的问题是:"人的认识究竟怎样从实践发生,而又服务于实践呢?"①整部《实践论》就是围绕着认识与实践的辩证关系展开的,就是以"认识的发展过程"即认识的辩证运动为基本内容的。

《实践论》首先分析的是以实践为基础的感性认识与理性认识的辩证关系,以及以这种辩证关系为内容的认识的辩证运动。毛泽东指出,人在实践过程中,"开始只是看到过程中各个事物的现象方面,看到各个事物的片面,看到各个事物之间的外部联系"②,这就是"认识的感性阶段"。然而,"认识的真正任务在于经过感觉而到达于思维,到达于逐步了解客观事物的内部矛盾,了解它的规律性,了解这一过程和那一过程间的内部联系"③,这就是"认识的理性阶段"。由此,毛泽东体会真切地指出:"感觉只解决现象问题,理论才解决本质问题。"④在进一步的论述中,毛泽东明确地把感性认识与理性认识的辩证关系概括为:理性认识依赖于感性认识,感性认识有待于发展到理性认识;由感性认识发展到理性认识,是认识辩证运动中的第一次"飞跃"。

在对感性认识与理性认识的辩证关系的论述中,毛泽东提出了一对值得深思的重要范畴:直接经验和间接经验。毛泽东指出:"一个人的知识,不外直接经验的和间接经验的两部分。"⑤

---

① 毛泽东:《毛泽东选集》第一卷,人民出版社,1991,第284页。
② 毛泽东:《毛泽东选集》第一卷,人民出版社,1991,第284—285页。
③ 毛泽东:《毛泽东选集》第一卷,人民出版社,1991,第286页。
④ 毛泽东:《毛泽东选集》第一卷,人民出版社,1991,第286页。
⑤ 毛泽东:《毛泽东选集》第一卷,人民出版社,1991,第288页。

"一切真知都是从直接经验发源的。但人不能事事直接经验,事实上多数的知识都是间接经验的东西,这就是一切古代的和外域的知识。"①关于"间接经验",毛泽东所指称的并不只是作为"共同经验"的常识,而主要是指经过"科学的抽象"的知识,"科学地反映了客观的事物"②的科学知识、科学理论。因此,在《实践论》这里,直接经验与间接经验之间的关系,已经不是单纯的"经验"之间的关系,即不是单纯的"个人经验"与"共同经验"的关系,而是包含了"经验"与"知识"的关系、"经验"与"理论"的关系、"经验"与"科学"的关系。从这个意义去理解"直接经验"与"间接经验"的关系,不仅会直接深化对"感性认识"与"理性认识"的辩证关系的理解,而且会深化对《实践论》的根本问题即认识与实践的辩证关系的理解。

实践是认识的来源,更是认识的目的。毛泽东说:"马克思主义的哲学认为十分重要的问题,不在于懂得了客观世界的规律性,因而能够解释世界,而在于拿了这种对于客观规律性的认识去能动地改造世界。""认识的能动作用,不但表现于从感性的认识到理性的认识之能动的飞跃,更重要的还须表现于从理性的认识到革命的实践这一个飞跃。"③从认识到实践的飞跃之所以"更重要",又不仅在于认识的目的是实践,而且在于只有实践才是

---

① 毛泽东:《毛泽东选集》第一卷,人民出版社,1991,第288页。
② 毛泽东:《毛泽东选集》第一卷,人民出版社,1991,第288页。
③ 毛泽东:《毛泽东选集》第一卷,人民出版社,1991,第292页。

检验认识的真理性的标准，只有实践才能推进认识的深化和发展。毛泽东说："人类认识的历史告诉我们，许多理论的真理性是不完全的，经过实践的检验而纠正了它们的不完全性。许多理论是错误的，经过实践的检验而纠正其错误。"①《实践论》关于"实践是检验真理的唯一标准"的论述，不只是肯定了检验真理的实践标准，而且是从认识的深化、真理的发展深切地阐述了认识与实践的辩证关系。

"通过实践而发现真理，又通过实践而证实真理和发展真理"②，这充分说明了真理是具体的，真理是历史的，真理的发现和发展是一个过程。因此，《实践论》又具体地阐述了"相对真理"与"绝对真理"的辩证关系。毛泽东说："马克思主义者承认，在绝对的总的宇宙发展过程中，各个具体过程的发展都是相对的，因而在绝对真理的长河中，人们对于在各个一定发展阶段上的具体过程的认识只具有相对的真理性。无数相对的真理之总和，就是绝对的真理。"③对此，毛泽东具体地作出解释："客观过程的发展是充满着矛盾和斗争的发展，人的认识运动的发展也是充满着矛盾和斗争的发展。一切客观世界的辩证法的运动，都或先或后地能够反映到人的认识中来。社会实践中的发生、发展和消灭的过程是无穷的，人的认识的发生、发展和消灭的过程也

---

① 毛泽东：《毛泽东选集》第一卷，人民出版社，1991，第293页。
② 毛泽东：《毛泽东选集》第一卷，人民出版社，1991，第296页。
③ 毛泽东：《毛泽东选集》第一卷，人民出版社，1991，第295页。

是无穷的。根据于一定的思想、理论、计划、方案以从事于变革客观现实的实践，一次又一次地向前，人们对于客观现实的认识也就一次又一次地深化。客观现实世界的变化运动永远没有完结，人们在实践中对于真理的认识也就永远没有完结。马克思列宁主义并没有结束真理，而是在实践中不断地开辟认识真理的道路。"①这是彻底的认识论的辩证法，也是彻底的辩证法的认识论。离开辩证法，就丢弃了《实践论》的真实的理论内容和"活的灵魂"。

《实践论》《矛盾论》的辩证法和认识论的统一，是以实践为核心观点的统一，也是以实践为根本目的的统一。它们是实践智慧的辩证法，也是辩证法的实践智慧。这是《实践论》《矛盾论》的"活的灵魂"，也是毛泽东哲学思想的"普照光"。

实践智慧，是以实践观点的思维方式对待人与世界关系的智慧，是实现"合目的性"与"合规律性"相统一的智慧，也就是尊重客观规律与发挥主观能动性相统一的智慧。它不同于理论智慧，也不同于生活智慧，但又与理论智慧、生活智慧密不可分。理论智慧主要指超然于实践的形上智慧，生活智慧主要指基于经验的常识智慧。实践智慧既是融形上智慧于生活智慧之中，又是把生活智慧提升为理论的形上智慧。借用毛泽东关于文学艺术的看法，实践智慧是"源于生活"而又"高于生活"的智慧。

---

① 毛泽东：《毛泽东选集》第一卷，人民出版社，1991，第295—296页。

二、系统地钻研马克思主义经典著作

作为实践智慧的《实践论》《矛盾论》，首先是"源于生活"的智慧。这两部著作的宗旨是反对和克服以教条主义和经验主义为主要表现形式的主观主义，这两部著作的内容是以剖析教条主义和经验主义为"靶子"而阐发知行统一的"实践论"和对立统一的"矛盾论"。无论是论证实践对认识的基础作用和以实践为基础的认识的辩证运动，还是阐发矛盾观点在认识中的核心地位和以矛盾的观点所构成的矛盾分析方法，《实践论》《矛盾论》都立足于中国革命的实践，并始终贯穿着对生活、实践的具体分析。

作为实践智慧的《实践论》《矛盾论》，又是"高于生活"的智慧。这突出地表现在，两部著作对认识的矛盾分析，不仅升华为一系列哲学范畴，而且赋予这些范畴以具有独创性的哲学内涵。范畴是反映事物本质属性和普遍联系的基本概念。从"同时态"看，范畴是"思维的联结点"，是理论思维的具有高度概括性、结构性的基本概念，使人们在概念的逻辑关系中把握世界；从"历时态"看，范畴又是人类认识成果的结晶和升华，构成人类认识的"阶梯"和"支撑点"，使人们在已有认识成果的基础上把握世界。毛泽东在《实践论》《矛盾论》中提出和阐述的感性认识与理性认识、直接经验与间接经验、相对真理与绝对真理、理论与实践、内因与外因、共性与个性、主要矛盾与次要矛盾、矛盾的主要方面与矛盾的次要方面等基本范畴，既有生动鲜活的实践内涵，又有深刻睿智的理论内涵，不仅是以理论思维把握世界的最具普遍性的概念，而且是列宁所说的认识的"阶梯"和"支撑点"。

"源于生活"而又"高于生活"的实践智慧，使得"灰色"的理论变得熠熠生辉，使得"朴素"的现实变得厚重深沉。在实践智慧中，现实活化了理论，理论照亮了现实。这突出地表现在，毛泽东的实践智慧，把作为哲学基本问题的"思维和存在的关系问题"，具体化为"主观与客观""理论与实践""尊重客观规律与发挥主观能动性"的关系问题，从根本上超越了马克思所批判的"把理论引向神秘主义的神秘东西"。在《实践论》《矛盾论》中，马克思所指出的"解释世界"的哲学与"改变世界"的哲学得到根本区别，不仅在于是否用实践的观点回答"思维和存在的关系问题"，而且在于能否把"思维和存在的关系问题"具体化为"主观与客观""理论与实践"的关系问题，能否实现"尊重客观规律与发挥主观能动性"的统一问题。这是《实践论》《矛盾论》"转识成智"的实践智慧的本质之所在。

"源于生活"而又"高于生活"的毛泽东的"实践智慧"，就是毛泽东的辩证法的实践智慧或实践智慧的辩证法。它具有三个方面的重大意义：一是在世界观的意义上阐发了辩证法的思维方式和方法论，实现了辩证法的世界观、认识论和方法论的统一；二是在实践论的意义上总结和升华了以矛盾分析方法为核心的辩证智慧，使辩证法成为认识世界和指导行动的现实力量；三是在中国化、时代化和大众化的意义上构建了具有中国特色、气派和风格的马克思主义哲学，从而以历史悠久的中华文明和创新实践的中国经验丰富和发展了马克思主义哲学。《实践论》《矛盾论》的

"实践智慧"开辟了马克思主义哲学中国化的正确道路。这应当是我们在深入研究这两部"名篇"中所形成的最为主要的"共识",也应当是我们深入研究这两部"名篇"中所把握到的核心思想。

(四)探究"观点":从理论上弄通马克思主义思想内涵

马克思主义经典作家的《全集》《选集》和"名篇",包含着马克思主义的基本观点,特别是在这些基本观点中蕴含着马克思、恩格斯、列宁和毛泽东所实现的具有标志意义的"术语的革命"。只有在阅读《全集》、精读《选集》、深研"名篇"的过程中,"下大气力""下苦功夫"探究这些"基本观点",特别是探究这些基本观点所实现的"术语的革命",才能从理论上弄通马克思主义的思想内涵,更加深刻地理解马克思主义的基本原理。

在《资本论》英文版序言中,恩格斯深刻地指出:"一门科学提出的每一种新见解都包含这门科学的术语的革命。"[①]对此,恩格斯又具体地指出:"政治经济学通常满足于照搬工商业生活上的术语并运用这些术语,完全看不到这样做会使自己局限于这些术语所表达的观念的狭小范围。""不言而喻,把现代资本主义生产只看做是人类经济史上一个暂时阶段的理论所使用的术语,和

---

① 中共中央马克思恩格斯列宁斯大林著作编译局编译《马克思恩格斯文集》第5卷,人民出版社,2009,第32页。

把这种生产形式看做是永恒的、最终的阶段的那些作者所惯用的术语,必然是不同的。"①揆诸《资本论》,我们就会发现马克思在"政治经济学批判"中所实现的"术语的革命",就会在马克思对"商品""劳动""货币""资本"的"术语的革命"中深刻理解马克思的政治经济学。同样,揆诸马克思主义经典作家的《全集》《选集》和"名篇",我们就会发现马克思、恩格斯、列宁和毛泽东在他们所研究的全部领域所实现的"术语的革命",从而深刻地理解和掌握马克思主义的基本观点。这里,我们以怎样理解"当代中国马克思主义哲学"为例,谈谈对马克思主义的"术语的革命"的学习体会。

究竟如何"称谓"和"定位"当代中国马克思主义哲学?或者说,究竟如何凝练和阐释关于"当代中国马克思主义哲学"的思想内涵和时代内涵?首先要做的是厘清"当代中国马克思主义哲学"与"马克思主义哲学"的相互规定;而要厘清这二者的相互关系,又必须首先阐释"马克思主义哲学"与"哲学"及其"基本问题"的相互关系。因此,凝练和阐释"当代中国马克思主义哲学",最为重要的是重新阐释"哲学""哲学的基本问题""马克思主义哲学"和"当代中国马克思主义哲学"这四个作为基本理念和解释原则的基本命题及其相互关系。

关于"哲学"的阐释,不仅关系着对"哲学"本身的理解,而

---

① 中共中央马克思恩格斯列宁斯大林著作编译局编译《马克思恩格斯文集》第5卷,人民出版社,2009,第33页。

二、系统地钻研马克思主义经典著作

且直接关系着对"马克思主义哲学"的理解,从而关系着对"当代中国马克思主义哲学"的理解。"哲学是理论化、系统化的世界观",这是对于"哲学"的最为通行的解释。然而,马克思非常明确地把自己的"新世界观"与"旧世界观"严格地区别开来:"哲学家们只是用不同的方式解释世界,而问题在于改变世界。"①正是在马克思的"新世界观"的意义上,恩格斯同样明确地提出,作为"现代唯物主义"的马克思主义哲学,"已经根本不再是哲学,而只是世界观"②。由此提出的最为严肃也是最为严峻的理论问题就在于:"已经根本不再是哲学"的马克思主义哲学还是不是"哲学"?"只是世界观"的马克思主义哲学与"哲学"是什么关系?如何凝练和阐释作为"新世界观"的"马克思主义哲学",并使之作为基本理念和解释原则而成为构建当代中国马克思主义哲学学术体系的"灵魂"和"普照光"?

改革开放以来,在重新理解和阐释马克思主义哲学的过程中,也就是在凝练和阐释"马克思主义哲学"这个根本性问题的过程中,之所以提出了关于马克思主义哲学的"辩证唯物主义和历史唯物主义""实践唯物主义""历史唯物主义""辩证的、历史的、实践的历史唯物主义"等各种"称谓",之所以形成了关于马克思主义哲学是"辩证唯物主义"还是"实践唯物主义"、是"实践唯物主义"还是"历史唯物主义"的不同"定位",其焦点就在于如

---

① 中共中央马克思恩格斯列宁斯大林著作编译局编译《马克思恩格斯选集》第 1 卷,人民出版社,2012,第 140 页。
② 中共中央马克思恩格斯列宁斯大林著作编译局编译《马克思恩格斯选集》第 3 卷,人民出版社,2012,第 517 页。

何厘清马克思所指认的"改变世界"的哲学与"解释世界"的哲学的关系，就在于如何厘清恩格斯所指认的"世界观"与"哲学"的关系。厘清这些关系的实质和目的则在于，究竟如何阐释马克思所实现的哲学革命及其所开辟的哲学道路，从而沿着马克思所开辟的哲学道路继续前进。这是"不忘本来"和"面向未来"的"当代中国马克思主义哲学"的坚实根基，也是构建具有"主体性"和"原创性"的"当代中国马克思主义哲学"的历史使命。因此，构建当代中国马克思主义哲学体系，其首要任务必须是在"哲学"与"马克思主义哲学"的关系中凝练和阐释"马克思主义哲学"的"称谓"和"定位"。这是构建当代中国马克思主义哲学体系的"灵魂"和"普照光"。

对"哲学"和"马克思主义哲学"及其相互关系的阐释，直接地是同如何理解和阐释"哲学的基本问题"密不可分的。恩格斯关于"哲学"的最为重要的学术命题就是："全部哲学，特别是近代哲学的重大的基本问题，是思维和存在的关系问题。"①由此提出的重大的理论问题就在于：其一，如何理解"思维和存在的关系问题"是"哲学"的"重大的基本问题"？或者反过来说，如何从"哲学"的"重大的基本问题"去理解和阐释"全部哲学"？其二，如何理解和阐释"马克思主义哲学"与"哲学的基本问题"的关系？或者反过来说，如何从"哲学"的"重大的基本问题"去理解和阐释"已经根本不再是哲学"的"马克思主义哲学"？其三，当代中

---

① 中共中央马克思恩格斯列宁斯大林著作编译局编译《马克思恩格斯选集》第 4 卷，人民出版社，2012，第 229 页。

国马克思主义哲学的"重大的基本问题"是否仍然是恩格斯所指认的"思维和存在的关系问题"？或者反过来说，如何从"哲学"的"重大的基本问题"去理解和阐释构建当代中国马克思主义哲学学术体系的基本理念和解释原则，也就是如何以"哲学"的"重大的基本问题"去凝练和阐释"当代中国马克思主义哲学"？回应和探讨上述三个问题，对于构建当代中国马克思主义哲学具有实质性意义。

究竟如何理解、阐释和对待哲学的"重大的基本问题"是"思维和存在的关系问题"这个学术命题？这里的关键问题在于：哲学的"重大的基本问题"，并不是哲学中的"一个"重大问题，也不是某个特定历史时期的哲学的"基本问题"，更不是某个特定国家或民族的哲学的"基本问题"，而是规定"全部哲学"的特殊的理论性质和独特的社会功能的"基本问题"，也就是规定"何为哲学"和"哲学何为"的"基本问题"，因而才是"全部哲学"的"重大的基本问题"。正是基于对"全部哲学"的总结和升华，恩格斯才凝练形成了关于哲学的"重大的基本问题"的学术命题。而恩格斯之所以强调"思维和存在的关系问题""特别是近代哲学的重大的基本问题"，是因为"近代哲学"不仅"十分清楚"地提出了这个"重大的基本问题"，而且使之获得了"完全的意义"[①]。

人类把握世界的各种"基本方式"，从实质内容上说，都是以

[①] 中共中央马克思恩格斯列宁斯大林著作编译局编译《马克思恩格斯选集》第4卷，人民出版社，2012，第230页。

思维规律把握存在规律，从而实现"思维和存在"在观念和行为中的统一。在这个意义上，"思维和存在的关系问题"是人类把握世界的全部"基本方式"的"重大基本问题"。"哲学"作为人类把握世界的"一种基本方式"，它与人类把握世界的"其他基本方式"的原则性区别就在于，它不是把"思维和存在的关系问题"当作"理论思维的不自觉和无条件的前提"而去"把握世界"；恰恰相反，它是把"思维和存在的关系"作为自己的"重大的基本问题"，为人类认识和改变世界提供持续变革的"世界观"和"方法论"。正是在"哲学"作为人类把握世界的一种"基本方式"的意义上，也就是在"哲学"的特殊的理论性质和独特的社会功能的意义上，"思维和存在的关系问题"才是"全部哲学"的"重大的基本问题"。这表明，只有自觉地和深刻地重新阐释关于哲学"基本问题"的学术命题，才能在人类把握世界的各种"基本方式"中阐明关于"哲学"的学术命题，进而才能在"马克思主义哲学"与"全部哲学"的关系中重新阐释关于"马克思主义哲学"的学术命题。

究竟如何理解、阐释和看待"马克思主义哲学"与"哲学基本问题"的关系？具体言之，"思维和存在的关系问题"只是"哲学家们"用以"解释世界"的"基本问题"，还是包括"马克思主义哲学"在内的"全部哲学"的"重大的基本问题"？"思维和存在的关系问题"只是恩格斯关于哲学"重大的基本问题"的论断，还是马克思、恩格斯一致认同的哲学的"重大的基本问题"？回应和阐释这个重大问题，对于凝练和阐释"马克思主义哲学"这个根本性的学术命题，无疑具有更为深刻的理论意义。

在《关于费尔巴哈的提纲》中，马克思的第一句话就是："从前的一切唯物主义(包括费尔巴哈的唯物主义)的主要缺点是：对对象、现实、感性，只是从客体的或者直观的形式去理解，而不是把它们当做感性的人的活动，当做实践去理解，不是从主体方面去理解。因此，和唯物主义相反，唯心主义却把能动的方面抽象地发展了，当然，唯心主义是不知道现实的、感性的活动本身的。"①这十分清楚地表明，马克思正是从"思维和存在的关系问题"出发，简洁而明确地揭示了"解释世界"的"哲学家们"的实质：其一，"从前的一切唯物主义"的"主要缺点"就在于"只是从客体的或者直观的形式"去看待"思维和存在的关系问题"，因而把思维与存在的关系归结为直观反映关系；其二，"唯心主义"则是"抽象地发展了""能动的方面"，因而又把思维与存在的关系归结为思维的能动作用；其三，包括"从前的一切唯物主义"和"唯心主义"在内的"哲学家们"之所以如此看待"思维和存在的关系问题"，其根源就在于他们没有从"感性的人的活动"即"实践"去看待"思维和存在的关系问题"。

值得深思的是，马克思在《提纲》中对"哲学家们"的批评，

---

① 中共中央马克思恩格斯列宁斯大林著作编译局编译《马克思恩格斯选集》第1卷，人民出版社，2012，第133页。

与恩格斯以"思维和存在的关系问题"为焦点所展开的对"哲学家们"的批评不仅是高度一致的,而且是相互印证的。恩格斯指出:其一,旧唯物主义只是从"内容"方面去看待思维和存在的关系;其二,唯心主义只是从"形式"方面去看待思维和存在的关系;其三,二者之所以或者只是从"内容"方面,或者只是从"形式"方面去看待思维和存在的关系,其根源就在于他们离开"历史中行动的人"去解决"思维和存在的关系问题"[①]。

马克思、恩格斯在对"哲学基本问题"的理解上的高度一致,以及由此所实现的对"哲学家们"的批判上的高度一致,其最主要的理论成果,就是对究竟如何解决"哲学基本问题"的高度一致。正是这三个密不可分的高度一致,构成了马克思主义的哲学革命,并展现了马克思的哲学道路。因此,关于"马克思主义哲学"的学术命题,首先是以马克思主义哲学对"哲学基本问题"的解决所实现的哲学革命为实质内容的。

正是在《关于费尔巴哈的提纲》中,围绕"思维和存在的关系问题",马克思以批判"从前的一切唯物主义"和"唯心主义"为前提,逐段深入地阐述了他称之为"现代唯物主义"的"世界观"。马克思明确地提出:"人的思维是否具有客观的[gegenständliche]真理性,这不是一个理论的问题,而是一个

---

① 中共中央马克思恩格斯列宁斯大林著作编译局编译《马克思恩格斯选集》第4卷,人民出版社,2012,第229页。

实践的问题。人应该在实践中证明自己思维的真理性,即自己思维的现实性和力量,自己思维的此岸性。关于思维——离开实践的思维——的现实性或非现实性的争论,是一个纯粹经院哲学的问题。"①在这段论述中,马克思明确地提出必须以"实践"观点看待"人的思维是否具有客观的[gegenständliche]真理性",也就是必须以"实践"观点看待作为哲学的重大的基本问题的"思维和存在的关系问题"。对此,马克思又特别强调地指出:"全部社会生活在本质上是实践的。凡是把理论引向神秘主义的神秘东西,都能在人的实践中以及对这个实践的理解中得到合理的解决。"②

马克思的论述十分清楚地表明:"现代唯物主义"的"世界观",从根本上说,就是"在人的实践中以及对这个实践的理解中"去解决"人的思维是否具有客观的[gegenständliche]真理性"问题;马克思主义哲学的"哲学革命",从根本上说,就是变革了离开人的实践而"把理论引向神秘主义"的全部以往的"哲学";马克思主义哲学所开辟的"哲学道路",从根本上说,就是超越"哲学家们只是用不同的方式解释世界",从而以"改变世界"的"世界观"去"对现存的一切进行无情的批判",并在"批判旧世界中发现新世界"。在马克思的"哲学革命"及其所开辟的"哲学道

---

① 中共中央马克思恩格斯列宁斯大林著作编译局编译《马克思恩格斯选集》第1卷,人民出版社,2012,第134页。
② 中共中央马克思恩格斯列宁斯大林著作编译局编译《马克思恩格斯选集》第1卷,人民出版社,2012,第135—136页。

路"的意义上,"马克思主义哲学"就是以"实践"作为基本理念和解释原则的"现代唯物主义"。

以"实践"作为基本理念和解释原则去阐释马克思的哲学革命及其所开辟的哲学道路,并由此凝练关于"马克思主义哲学"的学术命题,就必须对作为基本理念和解释原则的"实践"的"真实含义"和"真实意义"作出深入的和深刻的阐释。而对"实践"的真实含义及其真实意义的阐释,则直接引发了关于"马克思主义哲学"是"实践唯物主义"还是"历史唯物主义"的争论。这个争论,对于重新凝练和阐释关于"马克思主义哲学"的学术命题,具有更为深刻的思想内涵和更为重要的理论意义。

"实践"是"感性的人的活动",然而,这种"感性的人的活动"并不是人的自然生命意义上的"感性活动",而是"历史中行动的人"的"感性活动"。人的"感性活动"只有被理解为"历史活动",才是"人们的现实生活过程",才是本质上实践的人的"全部生活"。因此,在对"实践的理解中",是否以"历史"作为基本理念和解释原则,更为深层地规定着究竟怎样凝练和阐释关于"马克思主义哲学"这个具有决定意义的学术命题。

恩格斯在《路德维希·费尔巴哈和德国古典哲学的终结》中,以超越"对抽象的人的崇拜"为出发点,揭示了以费尔巴哈为标志的全部旧哲学的根本性缺陷,从而阐明了马克思主义哲学的真正内涵。恩格斯说:"费尔巴哈不能找到从他自己所极端憎恶的抽象王国通向活生生的现实世界的道路。他紧紧地抓住自然界和人;但是,在他那里,自然界和人都只是空话。无论关于现实的自然界或关于现实的人,他都不能对我们说出任何确定的东西。要从费尔巴哈的抽象的人转到现实的、活生生的人,就必须把这些人作为在历史中行动的人去考察。而费尔巴哈反对这样做。""费尔巴哈没有走的一步,必定会有人走的。对抽象的人的崇拜","必定会由关于现实的人及其历史发展的科学来代替"。对此,恩格斯还明确地指出,"这个超出费尔巴哈而进一步发展费尔巴哈观点的工作,是由马克思于1845年在《神圣家族》中开始的"①。这十分清楚地表明,恩格斯所指认的"马克思的哲学革命",就是从"抽象的人"转为"在历史中行动的人";恩格斯所指认的"马克思主义哲学",就是"关于现实的人及其历史发展的科学"。这就是马克思、恩格斯创建的作为"现代唯物主义"的"历史唯物主义"。

"实践"作为人的"历史活动",构成了"现实的人及其历史发展"的根本性问题,这就是"人的历史活动"与"历史的发展规律"问题。马克思说:"人们自己创造自己的历史,但是他们并不是随心所欲地创造,并不是在他们自己选定的条件下创造,而是在

---

① 中共中央马克思恩格斯列宁斯大林著作编译局编译《马克思恩格斯选集》第4卷,人民出版社,2012,第247页。

直接碰到的、既定的、从过去承继下来的条件下创造。"①马克思由此提出，人"作为人类历史的经常前提，也是人类历史的经常的产物和结果，而人只有作为自己本身的产物和结果才成为前提"②。正是由于"人"自身既是历史的"前提"又是历史的"结果"，因而"历史"既是"人们自己创造自己的历史"，又是"不以人们的意志为转移"的历史过程，即"历史的发展规律"。正是关于"人的历史活动"与"历史的发展规律"的矛盾运动，构成了"关于现实的人及其历史发展"的马克思主义哲学——作为"现代唯物主义"的"历史唯物主义"。

  需要进一步思考的是，与"实践"概念相比较，"历史"并不只是一个"过程"，即不只是"感性的人的活动"，更为重要的是不断自我生成和自我否定的"结果"，即"历史中行动的人"所创造的"文明"。作为"文明"的"历史"结晶了人的"历史活动"，构成了人的"生活世界"，规范了人的"历史形态"，内蕴了历史的"文化内涵"，展现了历史的"发展趋势"。在最宽泛的意义上，"文明"的真实内涵就是"进步"或发展——人类社会的"进步"和人自身的"发展"。因此，以"关于现实的人及其历史发展"为实质内容的"历史唯物主义"，其"历史"概念远不只是"活动"或"过程"的概念，而是以"文明"为真实内涵的概念；以"历史"作为基本理念和解释原则的"历史唯物主义"，其"历史"概念远不只是关于"社会历史"的基本理念和解释原则，而且是关于"人与世界

---

① 中共中央马克思恩格斯列宁斯大林著作编译局编译《马克思恩格斯选集》第1卷，人民出版社，2012，第669页。
② 中共中央马克思恩格斯列宁斯大林著作编译局编译《马克思恩格斯全集》第26卷Ⅲ，人民出版社，1973，第545页。

关系"——人与自然关系、人与社会关系、人与自我关系——的"世界观"的基本理念和解释原则。

以"历史"作为基本理念和解释原则的"历史唯物主义",是以"现实的人"作为逻辑起点的唯物主义,是以"人的历史形态"作为内涵逻辑的唯物主义,是以"现实的历史"作为反思对象的唯物主义,是以"人类解放"作为价值目标的唯物主义,是以"辩证法"作为理论思维的唯物主义,由此构成的就是"关于现实的人及其历史发展"的历史唯物主义。在人类文明史上,马克思的最伟大的功绩,首先就是"发现"了人类历史的发展规律。这个伟大的"发现",不只是变革了哲学意义上的"历史观",而且从根本上变革了哲学意义上的"世界观"——以"历史"作为基本理念和解释原则去理解和阐释"人与世界"的全部关系。马克思的哲学革命及其所开辟的哲学道路,是以"改变世界"的"世界观"去代替"解释世界"的"旧哲学",是以"关于现实的人及其历史发展"的"现代唯物主义"构建"改变世界"的"新世界观"。正因如此,我们把"马克思主义哲学"阐释为恩格斯所指认的"关于现实的人及其历史发展的科学"。

当代中国马克思主义哲学,从其根本性的使命与担当来说,就是为建设中国特色社会主义、推进人类文明形态变革、实现人的自由全面发展提供坚实的理论基础和思想引导。以"关于现实的人及其历史发展的历史唯物主义"揭示和阐释马克思的哲学革命及其所开辟的哲学道路,不仅会强化当代中国马克思主义哲学的使命和担当的理论自觉,而且会提升沿着马克思开辟的哲学道路构建具有主体性、原创性的当代中国马克思主义哲学学术体系的理论自觉。

建设中国特色社会主义,是中国人民"自己创造自己的历史",是中华民族"从站起来、富起来到强起来的"历史。马克思说:"理论在一个国家实现的程度,总是决定于理论满足这个国家的需要的程度。"①坚持和发展以"改变世界"的"新世界观"而构建当代中国马克思主义哲学的学术体系,首要的基本理念就是从建设中国特色社会主义的伟大实践中"提炼出有学理性的新理论"和"概括出有规律性的新实践"。中国特色社会主义进入新时代,我国的主要矛盾已经转化为"人民日益增长的美好生活需要和不平衡不充分的发展之间的矛盾"。当代中国马克思主义哲学所探索的重大理论问题就源于建设中国特色社会主义的重大现实问题;建设中国特色社会主义的重大现实问题,则不仅深层地蕴含着当代中国马克思主义哲学着力捕捉、发现和提出的重大理论问题,而且迫切需要当代中国马克思主义哲学以理论方式回应和回答重大的现实问题。因此,构建当代中国马克思主义哲学体系的基本理念,首先就是以马克思的"改变世界"的"新世界观"为导向,破除一切"把理论引向神秘主义的神秘东西",从而"提炼出有学理性的新理论","概括出有规律性的新实践"。

在写于1845—1846年的《德意志意识形态》中,马克思、恩格斯就极富洞察力地提出,"我们的时代"的根本特征和基本标志,是"历史向世界历史的转变"②。不仅如此,从实现人的自由

---

① 中共中央马克思恩格斯列宁斯大林著作编译局编译《马克思恩格斯选集》第1卷,人民出版社,2012,第11页。
② 中共中央马克思恩格斯列宁斯大林著作编译局编译《马克思恩格斯选集》第1卷,人民出版社,2012,第169页。

全面发展的社会理想出发，马克思、恩格斯还进一步提出："每一个单个人的解放的程度是与历史完全转变为世界历史的程度一致的。"①揆诸"现实的历史"，与马克思恩格斯所阐述的"历史向世界历史的转变"的"资产阶级时代"相比，20世纪中叶以来的"社会信息化""经济全球化""政治多极化""文化多元化"和"个体社会化"，以空前的规模和速度、空前的普遍性和深刻性，把"历史向世界历史转变"的"程度"极大地提升了。这不仅促进了人类文明的重大发展，也向人类文明提出了一系列严峻的重大问题，进而提出了人类文明形态变革的历史任务。在《〈政治经济学批判〉序言》中，马克思在阐发他的"研究工作的总的结果"时就提出，"人类始终只提出自己能够解决的任务"，"任务本身，只有在解决它的物质条件已经存在或者至少是在生成过程中的时候，才会产生"②。把握"历史向世界历史转变"的时代性特征，洞悉人类文明变革的时代性问题，阐发人类形态变革的时代性内涵，这是"关于现实的人及其历史发展"的马克思主义哲学的时代性使命，因而也是当代中国马克思主义哲学的使命与担当。构建当代中国马克思主义哲学体系，最为重要的就是以"关于现实的人及其历史发展"的历史唯物主义为理论基础和思想指引，从建设中国特色社会主义和推进人类文明形态变革的伟大实践中，不断地"提炼出有学理性的新理论""概括出有规律性的新实践"，从而形成具有主体性、原创性的"当代中国马克思主义哲学"。

---

① 中共中央马克思恩格斯列宁斯大林著作编译局编译《马克思恩格斯选集》第1卷，人民出版社，2012，第169页。

② 中共中央马克思恩格斯列宁斯大林著作编译局编译《马克思恩格斯选集》第2卷，人民出版社，2012，第3页。

(五) 掌握"方法"：在实践中运用马克思主义理论思维

学习马克思主义，最为重要的是把马克思主义作为"伟大的认识工具"，在"改变世界"的实践活动中具体地运用马克思主义的理论思维。马克思主义的唯物辩证法，就是"建立在通晓思维的历史和成就的基础上的理论思维"，就是我们认识世界、改造世界的"伟大的认识工具"。在阅读《全集》、精读《选集》、深研"名篇"、探究"观点"的学习过程中，我们要努力掌握唯物辩证法的理论思维，不断提升捕捉和把握时代性问题的理论洞察力、分析和提炼时代性问题的理论概括力、阐释和论证时代性问题的理论思辨力、回应和解决时代性问题的理论思想力，用现实活化理论，用理论照亮现实。

辩证法是马克思主义的活的灵魂。在马克思主义哲学发展史上，马克思、恩格斯、列宁、毛泽东都对唯物辩证法及其基本范畴作出了系统论述。马克思深刻地揭示和论述了辩证法的"革命的和批判的"本质，特别是以《资本论》为标志集中地展开对资本主义的批判，提供了运用现象与本质、抽象与具体、历史与逻辑等唯物辩证法的基本范畴研究"现实的历史"的活生生的哲学智慧。恩格斯明确提出辩证法是"一种建立在通晓思维的历史和成就的基础上的理论思维"，特别是以《反杜林论》和《自然辩证法》

为标志，系统地论证和阐发了唯物辩证法的理论思维。列宁致力于从辩证法与认识论的统一中推进辩证法，提出辩证法的基本范畴是人类认识的"阶梯"和"支撑点"，特别是以《哲学笔记》为标志深刻地阐述了唯物辩证法的基本原理和基本范畴。毛泽东的《实践论》《矛盾论》在论述认识的辩证运动和阐述分析矛盾的辩证思维中，为我们提供了辩证法的实践智慧。

马克思对辩证法的独特贡献，首先在于他深刻地揭示和论述了辩证法的"批判的和革命的"本质，并由此展开"对现存的一切进行无情的批判"，特别是集中地展开对资本主义社会的批判。早在写于1843年的《〈黑格尔法哲学批判〉导言》中，马克思就提出："真理的彼岸世界消逝以后，历史的任务就是确立此岸世界的真理。人的自我异化的神圣形象被揭穿以后，揭露具有非神圣形象的自我异化，就成了为历史服务的哲学的迫切任务。于是，对天国的批判变成对尘世的批判，对宗教的批判变成对法的批判，对神学的批判变成对政治的批判。"① 在写于1872年的《资本论》第二版跋文中，马克思更为明确地指出："辩证法，在其合理形态上，引起资产阶级及其空论主义的代言人的恼怒和恐怖，因为辩证法在对现存事物的肯定的理解中同时包含对现存事物的否定的理解，即对现存事物的必然灭亡的理解；辩证法对每一种既成的形式都是从不断的运动中，因而也是从它的暂时性方面去理

---

① 中共中央马克思恩格斯列宁斯大林著作编译局编译《马克思恩格斯选集》第1卷，人民出版社，2012，第2页。

解；辩证法不崇拜任何东西，按其本质来说，它是批判的和革命的。"①正是在这种批判中，马克思展现了自己的哲学批判、政治经济学批判和空想社会主义批判的统一，并把这种批判凝聚为他的理论巨著《资本论》。列宁指出："虽说马克思没有遗留下'逻辑'（大写字母的），但是他遗留下《资本论》的逻辑，应当充分地利用这种逻辑来解决这一问题。"②列宁还特别强调指出："在《资本论》中，唯物主义的逻辑、辩证法和认识论［不必要三个词：它们是同一个东西］都应用于同一门科学，这种唯物主义从黑格尔那里吸取了全部有价值的东西并发展了这些有价值的东西。"③深入地探索马克思所揭示和论证的辩证法的"批判的和革命的"本质，特别是具体地研究马克思以"批判的和革命的"辩证法所展开的资本主义批判，无论是对于理解和把握马克思主义辩证法的"活的灵魂"，还是"充分利用这种逻辑来解决当前的问题"，都是马克思主义理论工作者的极为重要的历史任务。

恩格斯对辩证法的独特贡献，集中地表现在他系统地论证和阐发了辩证法的理论思维。恩格斯明确地提出，辩证法是"一种建立在通晓思维的历史和成就的基础上的理论思维"。他在自己的最为重要的哲学著作——《自然辩证法》《反杜林论》《路德维希·费尔巴哈和德国古典哲学的终结》和《家庭、私有制和国家的

---

① 中共中央马克思恩格斯列宁斯大林著作编译局编译《马克思恩格斯选集》第2卷，人民出版社，2012，第94页。
② 列宁：《哲学笔记》，人民出版社，1993，第290页。
③ 列宁：《哲学笔记》，人民出版社，1993，第290页。

起源》中，全面地概括和总结了科学史、哲学史和人类史及其所体现的思维方式的历史演进，深入地探讨和阐发了经验思维与理论思维、科学思维与哲学思维的关系，具体地揭示和论证了辩证法与理论思维方式、辩证法与哲学基本问题、辩证法与自然科学成果、辩证法与历史唯物主义、辩证法与科学社会主义等一系列重大理论问题，为后人提供了作为"理论思维"的辩证法的概念系统。

正是通过对辩证法的思维方式的论证和阐发，恩格斯在作为哲学的基本问题的"思维和存在的关系问题"的意义上，深入地批判了旧唯物主义和唯心主义的世界观，揭示了形而上学思维方式的根源和实质，厘清了"不再是哲学"的马克思主义的"世界观"与全部旧哲学的关系，阐发了马克思所开辟的哲学道路。恩格斯说："每一个时代的理论思维，包括我们时代的理论思维，都是一种历史的产物，它在不同的时代具有完全不同的形式，同时具有完全不同的内容。"[①]沿着马克思恩格斯所开辟的哲学道路而探讨"我们时代的理论思维"，这是恩格斯为我们提出的历史任务，也是恩格斯为我们展现的研究辩证法的开阔的和开放的理论空间。

列宁对辩证法的独特贡献，主要是从发展观内部推进辩证法理论，特别是从辩证法、认识论和逻辑学的"三者一致"深入地阐

---

① 中共中央马克思恩格斯列宁斯大林著作编译局编译《马克思恩格斯选集》第3卷，人民出版社，2012，第873页。

释辩证法的思维方式。在恩格斯逝世以后，马克思恩格斯所创建的辩证法曾遭到两个方面的严重歪曲：一是把"发展"当作时髦的旗号搞庸俗进化论；二是把辩证法从自觉形态降低为素朴形态即"实例的总和"。为此，列宁自觉地承担起相互联系的两个方面的历史任务：一是从发展观内部区分辩证法和形而上学这两种思维方式，在理论思维的层面上阐述辩证法的实质；二是从马克思主义辩证法与黑格尔辩证法的批判继承关系上坚持自觉形态的辩证法，阐发辩证法、认识论和逻辑学的"三者一致"，反对从黑格尔那里倒退，进一步探索从黑格尔那里前进的理论道路。列宁极为尖锐地指出："对于'发展原则'，在20世纪（还有19世纪末）'大家都同意'。——是的，不过这种表面的、未经过深思熟虑的、偶然的、庸俗的'同意'，是一种窒息真理、使真理庸俗化的同意。""如果一切都发展着，那么这是否也同思维的最一般的概念和范畴有关？如果无关，那就是说，思维同存在没有联系。如果有关，那就是说，存在着具有客观意义的概念的辩证法和认识的辩证法。"[①]列宁在马克思《资本论》与黑格尔《逻辑学》双重语境的互动中，在《哲学笔记》中深刻地阐述了辩证法、认识论和逻辑学的"三者一致"，系统地论述了辩证法的实质、特征和要素，既以辩证法的"批判的和革命的"本质展现了作为"理论思维"的辩证法，又在"理论思维"的层面上展现了辩证法的"批判的和革命

---

① 列宁：《哲学笔记》，人民出版社，1993，第215页。

的"本质，从而在发展观内部推进了辩证法理论。作为无产阶级革命家，列宁把辩证法视为"革命的代数学"，运用辩证法分析自己的时代，分析革命的战略和策略，特别是承继马克思《资本论》的资本主义批判而撰写了《帝国主义是资本主义的最高阶段》等一系列运用辩证法"解决当前的问题"的理论著作，展现了马克思主义辩证法的现实力量。

毛泽东对辩证法的独特贡献，突出地体现在他把辩证法的思维方式实现为指导行动的"实践智慧"。毛泽东的辩证法的实践智慧或实践智慧的辩证法，具有三个方面的重大意义：一是在世界观的意义上阐发了辩证法的思维方式和方法论，实现了辩证法的世界观和方法论的统一；二是在实践论的意义上总结和升华了以矛盾分析方法为核心的辩证智慧，使辩证法成为指导行动的现实力量；三是在中国化、时代化和大众化的意义上构建了具有中国特色、气派和风格的马克思主义辩证法理论，从而以历史悠久的中华文明和创新实践的中国经验丰富和发展了马克思主义的辩证法。

以《实践论》和《矛盾论》为主要标志的毛泽东哲学思想，既是实践论的辩证法，又是辩证法的实践论，既揭示了从实践到认识，再从认识到实践的辩证的认识规律，又展现了把握矛盾的普遍性与特殊性、矛盾的同一性与斗争性、主要矛盾与次要矛盾、矛盾的主要方面与次要方面、矛盾的绝对性与相对性的实践智慧。作为"实践智慧"的辩证法，毛泽东的哲学思想不只体现在

《实践论》《矛盾论》等哲学著作之中，而且生动地体现在《中国社会各阶级的分析》《中国的红色政权为什么能够存在?》《反对本本主义》《关心群众生活，注意工作方法》《中国革命战争的战略问题》《论持久战》《战争和战略问题》《新民主主义论》《〈农村调查〉的序言和跋》《改造我们的学习》《关于正确处理人民内部矛盾的问题》《读苏联〈政治经济学教科书〉的谈话》《人的正确思想是从哪里来的?》等著作中。这些著作展现了辩证法的"实践智慧"，不仅使辩证法获得了现实力量，而且引领了马克思主义中国化、时代化和大众化。

理论思维是源于现实而又引领现实的思想力量。"一个民族要想站在科学的最高峰，就一刻也不能没有理论思维。"中华民族要实现伟大复兴，同样一刻也不能没有理论思维。中国特色社会主义进入新时代，这不仅标志着我国从站起来、富起来而进入强起来的新时代，而且标志着引领中华民族伟大复兴的指导思想和理论思维进入新时代。习近平新时代中国特色社会主义思想就是领航新时代的理论思维和思想标识。

"问题是时代的格言。"坚持问题导向是马克思主义的鲜明特点，也是习近平新时代中国特色社会主义思想的鲜明特点。坚持问题导向的理论思维，从根本上说，就是坚持一切从客观实际出发的理论思维，就是从思想上把握现实和引领现实的理论思维。它要求人们超越感觉的杂多性、表象的流变性、情感的狭隘性和意愿的主观性，全面地反映现实、深层地透视现实、理性地反观

二、系统地钻研马克思主义经典著作

现实、理想地引导现实。正是站在问题导向的理论思维的高度，习近平提出的首要问题是："当代中国最大的客观实际是什么？"对此，习近平作出了明确回答："就是我国仍处于并将长期处于社会主义初级阶段。这是我们认识当下、规划未来、制定政策、推进事业的客观基点，不能脱离这个基点，否则就会犯错误，甚至犯颠覆性的错误。"与此同时，习近平进一步指出："坚持一切从实际出发，既要看到社会主义初级阶段基本国情没有变，也要看到我国经济社会发展每个阶段呈现出来的新特点。""我们要准确把握国际国内环境变化，辩证分析我国经济发展阶段性特征，准确把握我国不同发展阶段的新变化新特点，使主观世界更好符合客观实际，按照实际决定工作方针，这是我们必须常常记住的工作方法。"正是在深刻把握中国从站起来到富起来再到强起来的伟大变革的基础上，习近平在党的十九大报告中庄严宣告："中国特色社会主义进入了新时代。"这是我们党以辩证唯物主义和历史唯物主义的理论思维，对新时代中国的历史方位和历史使命的准确把握和精辟概括，显示了习近平新时代中国特色社会主义思想的强大的理论思维力量。

三、真切地领悟马克思主义基本原理

掌握马克思主义的"看家本领",最为重要的是真切地领悟马克思主义的基本原理。习近平指出:"马克思主义经典著作蕴含和集中体现着马克思主义基本原理,是马克思主义理论的本源和基础。"[①]这就要求我们,在系统地钻研马克思主义经典著作的过程中,以"问题导向"的理论思维,学懂弄通马克思主义的基本原理。

在纪念马克思诞辰200周年大会上的讲话中,习近平从九个方面高度概括了我们所要学习和实践的马克思主义的基本思想、基本原理:关于人类社会发展规律的思想;关于坚守人民立场的思想;关于生产力和生产关系的思想;关于人民民主的思想;关于文化建设的思想;关于社会建设的思想;关于人与自然关系的思想;关于世界历史的思想;关于马克思主义政党建设的思想。这九个方面,应当是我们在理论联系实际地钻研马克思主义经典著作中着重领悟和掌握的马克思主义基本原理,也应当是我们在

---

① 习近平:在中央党校春季学期第二批入学学员开学典礼上的讲话,2011年5月13日。

三、真切地领悟马克思主义基本原理

系统地阐发马克思主义基本原理中逐项地深入论述的实质内容。

(一) 掌握马克思主义关于社会发展规律的思想

"学习马克思,就要学习和实践马克思主义关于人类社会发展规律的思想。马克思科学揭示了人类社会最终走向共产主义的必然趋势。马克思、恩格斯坚信,未来社会'将是这样一个联合体,在那里,每个人的自由发展是一切人的自由发展的条件','无产者在这个革命中失去的只是锁链。他们获得的将是整个世界。'马克思坚信历史潮流奔腾向前,只要人民成为自己的主人、社会的主人、人类社会发展的主人,共产主义理想就一定能够在不断改变现存状况的现实运动中一步一步实现。马克思主义奠定了共产党人坚定理想信念的理论基础。我们要全面掌握辩证唯物主义和历史唯物主义的世界观和方法论,深刻认识实现共产主义是由一个一个阶段性目标逐步达成的历史过程,把共产主义远大理想同中国特色社会主义共同理想统一起来、同我们正在做的事情统一起来,坚定中国特色社会主义道路自信、理论自信、制度自信、文化自信,坚守共产党人的理想信念,像马克思那样,为共产主义奋斗终身。"[①]

对于整个人类来说,最为重大和最为艰巨的理论问题,莫过

---

① 习近平:《在纪念马克思诞辰 200 周年大会上的讲话》,人民出版社,2018,第 16—17 页。

于揭示人类社会的发展规律。马克思关于人类社会发展规律的思想，科学揭示了人类社会最终走向共产主义的必然趋势，是共产党人坚定理想信念、为共产主义奋斗终身的坚实的理论基础。从理论上深入地阐述人的历史活动与社会的发展规律的关系，对于深刻地把握马克思主义关于社会发展规律的思想，具有重大的理论意义。

关于"历史"，马克思曾明确地指出："并不是'历史'把人当做手段来达到自己——仿佛历史是一个独具魅力的人——的目的。历史不过是追求着自己目的的人的活动而已。"[①]在马克思这里，"历史"并不是某种"过程性的抽象原则"，而是"追求着自己的目的的人的活动"，即人的存在方式以及由这种存在方式所构成的人的全部的"人的关系和人的世界"。

"历史"作为"追求着自己的目的的人的活动"，它深刻地揭示了人的独特的存在方式的思想内涵，也就是深刻地揭示了人与世界的独特关系的思想内涵，深刻地揭示了人的现实世界（生活世界）的思想内涵。在马克思这里，"历史"不是外在于"人的活动"的抽象"过程"，"历史观念"也不是脱离"人的活动"的"抽象原则"；恰恰相反，"历史"就是"人的活动"，"历史观念"就是以"人的活动"来揭示人的存在方式、揭示人与世界的关系、揭示人的现实世界（生活世界）的解释原则。

---

① 中共中央马克思恩格斯列宁斯大林著作编译局编译《马克思恩格斯文集》第 1 卷，人民出版社，2009，第 295 页。

作为"人的活动"的"历史",它是人的存在方式。人与动物的根本区别,在于人是"历史"的存在。人类不是以动物的本能适应自然而维持自身的存在,而是以"人的活动"改变自然而维持自身的存在;人类不是以物种的自我"复制"而延续本物种的存在,而是以"人的活动"发展自身而延续自身的存在。马克思说:"人的存在是有机生命所经历的前一个过程的结果。只是在这个过程的一定阶段上,人才成为人。但是一旦人已经存在,人,作为人类历史的经常前提,也是人类历史的经常的产物和结果,而人只有作为自己本身的产物和结果才成为前提。"①人自身作为历史的"前提"和"结果",以自己的活动构成自己的历史,以自己的历史构成自身的存在。离开人的"历史",就会把人的存在方式抽象化,把人与世界的现实关系抽象化。只有从人的存在方式去理解"历史",才能理解"历史"观念的世界观意义。

"历史"作为人的存在方式,构成人与世界的现实的(真实的)关系。人与世界的独特关系,是以人的独特的存在方式即"人的活动"为前提的;离开人的独特的存在方式即"人的活动",就不存在人与世界的独特关系。人的存在就是"人们的现实的生活过程",就是在"历史的进程"中所构成的人与自然、人与社会、人与他人、人与自我的无限丰富和不断变革的"关系"。人是社会

---

① 中共中央马克思恩格斯列宁斯大林著作编译局编译《马克思恩格斯全集》第26卷Ⅲ,人民出版社,1974,第545页。

历史的主体,"历史不过是追求着自己目的的人的活动而已"①。在这个意义上,历史表现为人们自己创造自己的历史,表现为"具有意识的、经过思虑或凭激情行动的、追求某种目的的人"②的活动过程。但是,人们创造历史的活动又不是随心所欲的,不是在他们选定的条件下进行的,恰恰相反,是在既予的、给定的、别无选择的历史条件下进行的。在这个意义上,历史又表现为不以人们的主观意志为转移的历史进程,表现为制约和规范人们的创造活动的历史规律。

人们自己创造自己的历史,历史的发展规律又不以人们的意志为转移,这就是人类社会历史的二象性。正是在社会历史的二象性问题上,旧唯物主义陷入了不可解脱的"二律背反",并作出了唯心主义历史观的回答。18世纪的法国唯物主义者曾以"人与环境"的关系问题的形式探讨这个问题。一方面,他们认为人及其观念都是环境的产物,提出要改变人及其观念应该首先改变环境;另一方面,他们又认为环境的改变只能依靠天才人物的智慧的创造,提出要改变环境必须首先创造天才的人物和天才的思想。其结果便是,他们把社会的人分为两部分,一部分人是伟大的天才,他们以其天才的思想来改变环境,其他人则通过环境的改变而改变自己和自己的观念。这样,他们就从唯物主义的自然

---

① 中共中央马克思恩格斯列宁斯大林著作编译局编译《马克思恩格斯文集》第1卷,人民出版社,2001,第295页。
② 中共中央马克思恩格斯列宁斯大林著作编译局编译《马克思恩格斯选集》第4卷,人民出版社,2012,第253页。

观走向了唯心主义的历史观。这正如马克思恩格斯在《德意志意识形态》一书中批评费尔巴哈时所说的："当费尔巴哈是一个唯物主义者的时候，历史在他的视野之外；当他去探讨历史的时候，他不是一个唯物主义者。在他那里，唯物主义和历史是彼此完全脱离的。"①正是在旧唯物主义陷入"二律背反"并由此而导向历史唯心主义的地方，马克思以辩证的思维方式作出了历史唯物主义的回答。

对于人类社会历史的二象性，马克思从人类的现实存在及其历史发展出发，提出："人的存在是有机生命所经历的前一个过程的结果。只是在这个过程的一定阶段上，人才成为人。但是一旦人已经存在，人，作为人类历史的经常前提，也是人类历史的经常的产物和结果，而人只有作为自己本身的产物和结果才成为前提。"②在这里，马克思正是针对困扰着哲学家们的历史观的"二律背反"，深刻地阐发了人作为历史的前提和结果的辩证关系。

人作为"历史的经常前提"，总是"前一个过程的结果"，他们的历史活动总是决定于在他们以前已经存在、不是由他们创立而是由前一代人创立的历史条件。因此，人们的历史活动并不是"随心所欲"的，人们的历史活动的结果表现为不以人们的意志为转移的历史发展规律。人作为"人类历史的经常的产物和结果"，

---

① 中共中央马克思恩格斯列宁斯大林著作编译局编译《马克思恩格斯选集》第1卷，人民出版社，2012，第158页。

② 中共中央马克思恩格斯列宁斯大林著作编译局编译《马克思恩格斯全集》第26卷Ⅲ，人民出版社，1974，第545页。

他获得了创造历史的现实条件和现实力量,并凭借这种现实条件和现实力量去改变自己和自己的生存环境,实现社会历史的进步,为自己的下一代创造新的历史条件。因此,人们又在自己创造自己的历史,历史就是追求自己的目的的人的活动过程。现实的人既是历史的前提,又是历史的结果。人作为历史的结果构成新的历史前提,人作为历史的前提又构成新的历史结果。人作为历史的前提与结果的辩证运动,构成人及其历史的辩证发展,构成人类历史发展的客观规律。

人类社会的发展是曲折的、复杂的,总的趋势是前进的、上升的。人类社会从一种社会形态发展到另一种社会形态,既保存了此前社会形态的积极因素,又增加了新的创造成果,并在新的社会形态中得到新的整合,从而使社会发展跃迁到新的水平。人类社会的发展实现了人类文明的进步,实现了人自身的发展。人类在社会发展的文明进步中,不断丰富和发展自身,创造和实现自身价值,又推进了社会发展和文明进步。马克思主义关于人类社会发展规律的思想,始终是同对人类命运、人类未来的深切关怀密不可分的。追求人类解放,实现人的全面发展,是马克思主义的社会理想。正是实现人类解放和人的全面发展的社会理想,决定马克思主义从"现实的人"出发,探究人类社会的发展规律,寻求人类解放的道路。因此,学习和掌握马克思主义关于社会发展规律的思想,就必须学习和掌握马克思主义关于坚守人民立场的思想。

（二）掌握马克思主义关于坚守人民立场的思想

"学习马克思，就要学习和实践马克思主义关于坚守人民立场的思想。人民性是马克思主义最鲜明的品格。马克思说，'历史活动是群众的活动'。让人民获得解放是马克思毕生的追求。我们要始终把人民立场作为根本立场，把为人民谋幸福作为根本使命，坚持全心全意为人民服务的根本宗旨，贯彻群众路线，尊重人民主体地位和首创精神，始终保持同人民群众的血肉联系，凝聚起众志成城的磅礴力量，团结带领人民共同创造历史伟业。这是尊重历史规律的必然选择，是共产党人不忘初心、牢记使命的自觉担当。"①

我们对马克思主义的理论自信，深刻地体现在人民对中国特色社会主义的价值目标的自觉追求上。习近平指出，"中国共产党人的初心和使命，就是为中国人民谋幸福，为中华民族谋复兴"，"永远把人民对美好生活的向往作为奋斗目标"②。中国特色社会主义制度的社会理想和价值指向是实现国家富强、民族振兴、人民幸福，我们对中国特色社会主义制度的理论自信，深层地体现在人民对这个社会理想和价值指向的自信。

---

① 习近平：《在纪念马克思诞辰200周年大会上的讲话》，人民出版社，2018，第17页。
② 习近平：《决胜全面建成小康社会 夺取新时代中国特色社会主义伟大胜利——在中国共产党第十九次全国代表大会上的报告》，人民出版社，2017，第1页。

任何时代、任何国家、任何个人的价值观，都具有社会性质、社会内容和社会形式，并具体地、生动地表现为社会的价值理想、价值规范和价值导向与个人的价值期待、价值认同和价值取向之间的矛盾。马克思恩格斯指出："统治阶级的思想在每一时代都是占统治地位的思想。这就是说，一个阶级是社会上占统治地位的物质力量，同时也是社会上占统治地位的精神力量。"[①]在社会的价值理想与个人的价值期待、社会的价值规范与个人的价值认同、社会的价值导向与个人的价值取向的矛盾中，社会的价值理想、价值规范和价值导向是矛盾的主要方面，它规范和引领着整个社会的价值指向和价值追求。我们对制度优势的理论自信，就在于中国特色社会主义制度的社会理想和价值指向是根植于中国大地的"人民的自觉追求"。

任何一种价值观，从内容上看总是具有社会性质的社会正义、政治制度、法律规范、道德伦理、人生意义问题，从性质上看总是具有社会性质的真与假、善与恶、美与丑、个人利益与集体利益、局部利益与整体利益、暂时利益与长远利益问题，从形式上看总是表现为作为社会意识形式的宗教、艺术、科学和哲学。从个人与社会的关系看，个人的价值目标总是"取决"于社会的价值理想，个人的价值取向总是"取向"于社会的价值导向，个人的价值认同总是"认同"于社会的价值规范。在个人与社会的关

---

① 中共中央马克思恩格斯列宁斯大林著作编译局编译《马克思恩格斯选集》第 1 卷，人民出版社，2012，第 178 页。

系中，社会的价值理想、价值规范和价值导向是矛盾的主要方面，它决定价值观的根本性质和基本特征。中国特色社会主义制度的显著优势就在于确保国家始终沿着社会主义方向前进，紧紧依靠人民推动国家发展，切实保障社会公平正义和人民权利，促进全体人民在思想上精神上紧紧团结在一起，实现人民对美好生活的向往和中华民族的伟大复兴。中国特色社会主义制度的价值理想、价值规范和价值导向，赋予中国人民以坚定不移地走中国特色社会主义道路的理想和信念，具有强大的思想和精神凝聚力，为中国特色社会主义事业提供源源不断的精神动力和价值追求。

习近平指出："看一个制度好不好、优越不优越，要从政治上、大的方面去评判和把握。""中国特色社会主义制度好不好、优越不优越，中国人民最清楚，也最有发言权。""始终代表最广大人民根本利益，保证人民当家作主，体现人民共同意志，维护人民合法权益，是我国国家制度和国家治理体系的本质特性，也是我国国家制度和国家治理体系有效运行、充满活力的根本所在。"①价值观的道路自信，制度优势的理论自信，从根本上说，就是对马克思主义的"人民的理论"的自信，就是对习近平新时代中国特色社会主义思想引领中国人民实现中华民族伟大复兴的自信。

---

① 习近平：《坚持和完善中国特色社会主义制度　推进国家治理体系和治理能力现代化》，《求是》，2020年第1期，第7、10、8页。

(三)掌握马克思主义关于生产力和生产关系的思想

"学习马克思,就要学习和实践马克思主义关于生产力和生产关系的思想。马克思主义认为,物质生产力是全部社会生活的物质前提,同生产力发展一定阶段相适应的生产关系的总和构成社会经济基础。生产力是推动社会进步最活跃、最革命的要素。'人们所达到的生产力的总和决定着社会状况。'生产力和生产关系、经济基础和上层建筑相互作用、相互制约,支配着整个社会发展进程。解放和发展社会生产力是社会主义的本质要求,是中国共产党人接力探索、着力解决的重大问题。新中国成立以来特别是改革开放以来,在不到 70 年的时间内,我们党带领人民坚定不移解放和发展社会生产力,走完了西方几百年的发展历程,推动我国快速成为世界第二大经济体。我们要勇于全面深化改革,自觉通过调整生产关系激发社会生产力发展活力,自觉通过完善上层建筑适应经济基础发展要求,让中国特色社会主义更加符合规律地向前发展。"[1]

生产力与生产关系、经济基础与上层建筑的矛盾是人类社会的基本矛盾,它们之间的矛盾关系及其运动发展构成历史的基本

---

[1] 习近平:《在纪念马克思诞辰 200 周年大会上的讲话》,人民出版社,2018,第 17—18 页。

规律。在社会基本矛盾运动中，相对于经济基础与上层建筑的矛盾，生产力与生产关系的矛盾更为根本，它们之间的矛盾运动决定着社会发展的总趋势。在生产力与生产关系的矛盾运动中，生产力对生产关系具有决定作用，它决定生产关系的性质，决定生产关系的变革；生产关系对生产力具有反作用，生产关系适合生产力状况会促进和推动生产力的发展，反之则会阻碍甚至破坏生产力的发展。经济基础与上层建筑的矛盾根源于生产力与生产关系的矛盾，"这些生产关系的总和构成社会的经济结构，即有法律的和政治的上层建筑竖立其上并有一定的社会意识形式与之相适应的现实基础"[①]。在经济基础与上层建筑的矛盾运动中，经济基础对上层建筑具有决定作用，上层建筑对经济基础具有反作用。"在社会主义社会中，基本的矛盾依然是生产关系和生产力之间的矛盾，上层建筑和经济基础之间的矛盾。"[②]"社会主义的优越性归根到底要体现为它的生产力比资本主义发展得更快一些、更高一些，并且在发展生产力的基础上不断改善人民的物质文化生活。"[③]党的十八大以来，以习近平同志为核心的党中央团结带领全党全国各族人民，深刻回答了新时代坚持和发展什么样的中国特色社会主义、怎样坚持和发展中国特色社会主义这个重大时代课题，形成了新时代中国特色社会主义思想，推动党和国

[①] 中共中央马克思恩格斯列宁斯大林著作编译局编译《马克思恩格斯文集》第2卷，人民出版社，2009，第591页。
[②] 中共中央文献研究室：《毛泽东文集》第七卷，人民出版社，1999，第214页。
[③] 邓小平：《邓小平文选》第三卷，人民出版社，1993，第63页。

家事业发生历史性变革、取得历史性成就，中国特色社会主义进入了新时代。

掌握马克思主义关于生产力和生产关系的思想，最为重要的是运用这一思想认识"我们的时代"的时代特征和社会发展进程，"让中国特色社会主义更加符合规律地向前发展"，推进中华民族的伟大复兴和人类文明形态的变革。

"我们的时代"是历史转变为世界历史的"信息化"时代。按照马克思的观点，"各种经济时代的区别"，"不在于生产什么，而在于怎样生产，用什么劳动资料生产。劳动资料不仅是人类劳动力发展的测量器，而且是劳动借以进行的社会关系的指示器"。以劳动资料的历史性变革为"测量器"和"指示器"，通常把人类的文明形态区分为"农业文明""工业文明"和"后工业文明"。在后工业文明时期，其主要标志就在于"用什么劳动资料生产"发生了质的飞跃。从总体上看，20世纪中叶以来人类的科学发现和技术发明，已经超过此前的科学发现和技术发明的总和。具有标志意义的是，20世纪40年代中期人类就进入了利用核能的新时代，50年代后期人类开始向外层空间进军，70年代人类又以重组DNA为标志而进入可以控制遗传和生命过程的新阶段，80年代以微机处理器的大量生产为标志而进入信息时代，90年代则以软件开发及其大规模产业化为标志而进入信息革命的新纪元。[①] 这

[①] 宋健：《现代科学技术基础知识》，科学出版社、中央党校出版社，1994，第41—42页。

表明，科学技术已经不仅成为名副其实的"第一生产力"，而且极为深刻地改变了人与自然、人与社会、人与自我的关系，即全面地改变了人与世界的关系。这表现为信息传播的速度（即时性）和规模（全球性）、信息传播的多样性和多元性、信息传播的方式和规则、信息传播的深度和效应的突出改变，使得"信息化"不仅成为劳动力发展的"测量器"，而且成为社会关系的"指示器"。"信息化"已经成为历史向世界历史转变的"加速器"。

"我们的时代"是历史转变为世界历史的"经济全球化"时代。人类在进入"信息时代"的同时，进入了以"市场经济"为基本内容的"经济全球化"时代。经济全球化是人类经济活动超越国家、民族的界限而使全球经济活动融为一体的发展进程，主要包括贸易全球化、生产全球化、金融全球化三个阶段，并在这个过程中把市场经济的运行机制延伸为世界市场，从而实现全球范围内的资源配置。以自然资源差异为基础的传统的国际分工，日益让位于以现代新科技、新工艺为基础的新型国际分工。进入21世纪以来，作为经济活动的三要素的人、财、物不仅呈现显著的增长，而且其规模均达到历史未曾有过的水平。生产国际化促进了贸易国际化和金融国际化，使国家之间的经济联系空前加强。在经济全球化的进程中，信息技术革命、信息传播全球化的发展和国际互联网的普及，不仅成为"经济全球化"的技术支撑，而且深刻地变革了国际关系和人的存在方式。

"我们的时代"是历史转变为世界历史的"政治多极化"时代。"二战"之后的历史转变为世界历史的质的飞跃，深刻地体现在国际关系的重大变革上。20世纪40年代中期以后的"两大阵营"的对峙，在政治上标志着已经从"资产阶级时代"转变为社会主义与资本主义"两大阵营"对抗的时代，即两种意识形态和两种社会制度对抗的时代。50年代以来的"国家要独立，民族要解放，人民要革命"的时代潮流，使得帝国主义的"让东方从属于西方"的殖民时代转变为"第三世界"兴起的"后殖民时代"。80年代末90年代初的东欧剧变、苏联解体及其后的"颜色革命"，既改变了"两大阵营"对抗的基本格局，又在国际关系多极化的变迁中形成了既斗争又合作的大国博弈态势，新型的大国关系以及政治多极化深刻地改变了国际政治格局，并制约着世界的"和平与发展"。改革开放以来，特别是进入21世纪以来，中国作为和平崛起的新型大国，开拓了历史转变为世界历史的新的世界图景。

"我们的时代"是历史转变为世界历史的"个体社会化"时代。世界性的"现代化"进程，深刻地改变了人类自身的存在方式和发展方式，现实的人作为"一切社会关系的总和"获得了新的时代内涵。其一，从人类自身生产来说，控制其生产方式和生产规模的技术手段发生了革命性变革，提高其成活率和人均寿命的物质基础、技术手段和社会条件发生了革命性变革，提高其识字率和受教育水平的社会条件和思想观念发生了革命性变革；其二，从人类自身存在来说，现代化所造成的日常经验科学化、日常消遣文化化、日常交往社交化、日常行为法治化和农村生活城市化，使得人的社会关系已从传统的"熟人社会"转变为现代的"陌生人社会"，人的精神家园已从"精英文化"的陶铸转变为"信息文化"的引领，人的学习方式已从个体性的"经验积累"和"知识积累"转变为"获取信息"的网络时代。对于经历过40余年改革开放的当代中国人来说，不仅从"吃粗粮、穿布衣、住平房、骑自行车"变为"吃细粮、穿时尚、住楼房、开私家车"，而且生活于"银行、保险、股票、税务、传媒、执照"等所构成的"社会关系"之中。我国居民人均寿命已超过76岁，人口"老龄化"已成为中国社会的一大"景观"，而与"老龄化"相伴生的"广场舞"则成为表征中国人生活方式的又一大景观。"国家富强，民族振兴，人民幸福"的"中国梦"，不仅是历史向世界历史转变中当代中国的价值诉求，而且以世界最大发展中国家的中国人生活状况的历史性巨变显示了时代的历史性巨变。

"社会信息化""经济全球化""政治多极化"和"个体社会化"，以空前的规模和速度、空前的普遍性和深刻性，把"历史向世界历史转变"的"程度"极大地提升了。这不仅促进了人类文明的重大发展，而且提出了人类文明形态变革的历史任务。马克思说："人类始终只提出自己能够解决的任务，因为只要仔细考察就可以发现，任务本身，只有在解决它的物质条件已经存在或者至少是在生成过程中的时候,才会产生。"①把握人类文明形态变革的时代性内涵和洞悉人类文明形态变革的时代性问题,就会深化我们对生产力与生产关系、经济基础与上层建筑辩证关系的理解,从而深化我们对社会发展进程,特别是当代社会发展进程的理解。

(四)掌握马克思主义关于人民民主的思想

"学习马克思,就要学习和实践马克思主义关于人民民主的思想。马克思、恩格斯指出,'无产阶级的运动是绝大多数人的,为绝大多数人谋利益的独立的运动','工人阶级一旦取得统治权,就不能继续运用旧的国家机器来进行管理',必须'以新的真正民主的国家政权来代替'。国家机关必须由社会主人变为社会公仆,接受人民监督。我们要坚定不移走中国特色社会主义政治发展道路,在坚持党的领导、人民当家作主、依法治国有机统一中推进社会主义民主政治建设,不断加强人民当家作主的制度保障,加快推进国家治理体系和治理能力现代化,充分调动人民的积极性、主动性、创造性,更加切实、更有成效地实施人民民主。"②

---

① 中共中央马克思恩格斯列宁斯大林著作编译局编译《马克思恩格斯选集》第2卷,人民出版社,2012,第3页。

② 习近平:《在纪念马克思诞辰200周年大会上的讲话》,人民出版社,2018,第18—19页。

坚定不移走中国特色社会主义政治发展道路,关键是要有对"党是最高政治领导力量"的自信。中国共产党领导是中国特色社会主义最本质的特征,是中国特色社会主义制度的最大优势。中华人民共和国是中国共产党带领全国各族人民在新民主主义革命胜利后缔造的。在新民主主义革命时期,以毛泽东为代表的中国共产党人就积极探索党如何领导政权,为党领导国家积累了宝贵的实践经验并形成了重要的理论基础。在《井冈山的斗争》一文中,毛泽东就明确提出正确处理党与政权的关系问题,并强调"党要执行领导政府的任务"。抗日战争时期,中国共产党在抗日根据地积累了党领导政权建设的丰富经验。全国解放前夕,毛泽东在《论人民民主专政》一文中更加明确地论述了党与人民共和国的关系,这就是"共产党领导的人民民主专政的国家"。1954年颁布的第一部《中华人民共和国宪法》,确立了中国共产党领导、人民当家作主的新型国家制度,为党领导国家体制奠定了宪法基础。党的领导地位是历史和人民的选择,是确保国家始终沿着社会主义方向前进的坚实根基,也是实现中华民族伟大复兴的必然要求。中国特色社会主义制度的最大优势是中国共产党的领导;制度优势的理论自信最根本的是对中国共产党领导的自信。

制度优势的理论自信,体现在对中国特色社会主义制度的根本制度、基本制度、重要制度的理论自觉上。根本制度,就是中国特色社会主义制度中起顶层决定性、全域覆盖性、全面领导性作用的制度,其中,党的集中统一领导制度和全面领导制度是我们党和国家的根本领导制度,人民代表大会制度是我国的根本政治制度，马克思主义在意识形态领域指导地位的制度是我国的根本文化制度，共建共治共享是我国的根本社会治理制度，党对人民军队的绝对领导是我国的根本军事制度。基本制度，就是通过贯彻体现国家政治生活、经济生活的基本原则，对国家经济社会发展等发挥重大影响的制度，其中，体现在政治领域就是中国共产党领导的多党合作和政治协商制度、民族区域自治制度、基层群众自治制度这三大基本政治制度，体现在经济领域就是公有制为主体、多种所有制共同发展，按劳分配为主体、多种分配方式并存，社会主义市场经济体制等三大基本经济制度。重要制度，就是由根本制度和基本制度派生而来的，国家治理各领域各方面各环节的具体的制度，主要包括我国经济体制、政治体制、文化体制、社会体制、生态文明体制、法治体系、党的建设制度等。[①]中国特色社会主义制度的根本制度、基本制度和重要制度，坚持党的领导、人民当家作主、依法治国的有机统一，把国家制度同法律制度结合起来，把发挥制度优势同提高治理效能结合起来，体现了具有主体性、原创性的现代治理思想。

制度优势的理论自信，还在于中国特色社会主义制度和国家治理体系根植中国大地、具有深厚中华文化根基。习近平指出，"一个国家选择什么样的国家制度和国家治理体系，是由这个国家的历史文化、社会性质、经济发展水平决定的"，中国特色社

---

① 本书编写组编《〈中共中央关于全面深化改革若干重大问题的决定〉辅导读本》，人民出版社，2013，第175—176页。

会主义制度和国家治理体系"是在中国的社会土壤中生长起来的","具有深刻的历史逻辑、理论逻辑、实践逻辑"①。"在几千年的历史演进中,中华民族创造了灿烂的古代文明,形成了关于国家制度和国家治理的丰富思想","中国在人类发展史上曾经长期处于领先地位,自古以来逐步形成了一整套包括朝廷制度、郡县制度、土地制度、税赋制度、科举制度、监察制度、军事制度等各方面制度在内的国家制度和国家治理体系"②。中华民族几千年中所形成的关于国家制度和国家治理的丰富思想和制度体系,与中国人的社会生活和价值观念是潜移默化地相互融通的,构成了中国特色社会主义制度和国家治理体系的深厚的历史底蕴,是制度优势的理论自信的更基本、更深沉、更持久的文化根基。

制度优势的深厚中华文化根基,不仅体现在中华民族关于国家制度和国家治理的丰富思想和制度体系,而且具体地体现在中华民族创造了具有中华民族法律精神品格的法律文化和中华民族的独树一帜的中华法系。习近平指出:"我们的先人们早就开始探索如何驾驭人类自身这个重大课题,春秋战国时期就有了自成体系的成文法典,汉唐时期形成了比较完备的法典。我国古代法制蕴含着十分丰富的智慧和资源,中华法系在世界几大法系中独

---

① 习近平:《坚持和完善中国特色社会主义制度 推进国家治理体系和治理能力现代化》,《求是》,2020年第1期,第5页。
② 习近平:《坚持和完善中国特色社会主义制度 推进国家治理体系和治理能力现代化》,《求是》,2020年第1期,第5—6页。

树一帜。"①中华民族在几千年的历史进程中所形成的法治理念、法治制度和法治实践，以及由此所形成的独树一帜的中华法系，是推进我国国家治理体系和治理能力现代化的不可或缺的宝贵资源，是走出一条具有中国特色的法治现代化道路的弥足珍贵的中华文化根基。制度优势的理论自信，需要我们挖掘和传承中华法律文化的精华。

中国特色社会主义制度建设实践的不断深化、国家治理体系的不断完善和国家治理能力的不断提升，呼唤并且推动制度理论研究在实践基础上的理论创新，不断地强化中国特色社会主义制度的理论支撑，不断地提升全国各族人民对中国特色社会主义制度的理论自信，不断地强化制度优势的理论根基。

制度优势的理论创新，首要的是提升制度研究的自觉性。习近平指出："相比过去，新时代改革开放具有许多新的内涵和特点，其中很重要的一点就是制度建设分量更重，改革更多面对的是深层次体制机制问题，对改革顶层设计的要求更高，对改革的系统性、整体性、协同性要求更强，相应地建章立制、构建体系的任务更重。"②这首先就要求我们深化对制度的系统性研究。中国特色社会主义制度既包括根本制度、基本制度和重要制度，又包括各个不同领域的具体制度。它们在制度系统中各有自己的定

---

① 中共中央文献研究室编《习近平关于全面依法治国论述摘编》，中央文献出版社，2015，第32页。
② 本书编写组编《〈中共中央关于全面深化改革若干重大问题的决定〉辅导读本》，人民出版社，2013，第52页。

位，具有不同的层次。不同层次、不同定位的制度，起到的作用不同，运行的机理不同。习近平指出："中国特色社会主义制度是一个严密完整的科学制度体系，起四梁八柱作用的是根本制度、基本制度、重要制度，其中具有统领地位的是党的领导制度。"①根本制度是立国的根本，是制度优势的根基。制度创新是以根本制度为根基，构建系统完备、科学规范、运行有效的制度体系，使各方面制度更加成熟更加定型，各领域基础性制度体系基本形成。

制度优势的理论创新，重在对中国特色社会主义制度的"显著优势"的深化研究，赋予这些"显著优势"以深刻的思想内涵、时代内涵和文明内涵。中国特色社会主义制度的"显著优势"是在中国特色社会主义的伟大实践中形成、巩固、完善和发展的，从这一伟大实践中不断地"提炼出有学理性的新理论"和"概括出有规律性的新实践"，才能实现制度研究的理论创新。这就需要我们着力研究中国特色社会主义制度的根本制度、基本制度、重要制度，着力研究如何固根基、扬优势、补短板、强弱项，构建系统完备、科学规范、运行有效的制度体系，着力研究如何加强系统治理、依法治理、综合治理、源头治理，把我国制度优势更好转化为国家治理效能，着力研究如何提升国家治理能力，在治理能力现代化上提供坚实的理论支撑。

---

① 习近平：《坚持和完善中国特色社会主义制度　推进国家治理体系和治理能力现代化》，《求是》，2020年第1期，第10页。

制度优势的理论创新，要深入研究完善和发展中国特色社会主义制度与推进国家治理体系和治理能力现代化的关系。习近平指出："必须完整理解和把握全面深化改革的总目标，这是两句话组成的一个整体，即完善和发展中国特色社会主义制度、推进国家治理体系和治理能力现代化。这里面有一个前一句和后一句的关系问题。前一句，规定了根本方向，我们的方向就是中国特色社会主义道路，而不是其他什么道路。也就是我经常说的，我们要坚定不移走中国特色社会主义道路，既不走封闭僵化的老路，也不走改旗易帜的邪路。后一句，规定了在根本方向指引下完善和发展中国特色社会主义制度的鲜明指向。两句话都讲，才是完整的。只讲第二句，不讲第一句，那是不完整、不全面的。"[①]习近平的论述深刻地阐述了完善和发展中国特色社会主义制度与推进国家治理体系和治理能力现代化的相互关系，体现了马克思主义辩证法的"两点论"与"重点论"的高度统一，为我们把握"制度"与"治理"的辩证关系提供了科学的方法论，从而使我们党对全面深化改革总目标的认识达到了一个新高度，提高到了一个新水平。

制度优势的理论创新，还要深入研究推进国家治理体系现代化与提升治理能力现代化的辩证统一关系。习近平指出："国家治理体系和治理能力是一个国家制度和制度执行能力的集中体

---

① 中共中央文献研究室编《习近平关于全面深化改革论述摘编》，中央文献出版社，2015，第20—21页。

现。国家治理体系是在党领导下管理国家的制度体系,包括经济、政治、文化、社会、生态文明和党的建设等各领域体制机制、法律法规安排,也就是一整套紧密相连、相互协调的国家制度;国家治理能力则是运用国家制度管理社会各方面事务的能力,包括改革发展稳定、内政外交国防、治党治国治军等各个方面。国家治理体系和治理能力是一个有机整体,相辅相成,有了好的国家治理体系才能提高治理能力,提高国家治理能力才能充分发挥国家治理体系的效能。"① 习近平的论述深刻地阐述了国家治理体系与国家治理能力相互制约、相互促进的辩证关系。国家治理体系与国家治理能力虽然紧密联系,但并不是国家治理体系越完善,国家治理能力自然而然就越强,因此,我们必须统筹谋划国家治理体系和治理能力现代化,在实现国家治理体系现代化的过程中,不断提高各级领导干部的能力素质和执政本领。

制度优势的理论创新,需要深化对国家治理体系和治理能力的法治与人治的研究。习近平指出:"法治和人治问题是人类政治文明史上的一个基本问题,也是各国在实现现代化过程中必须面对和解决的一个重大问题。综观世界近现代史,凡是顺利实现现代化的国家,没有一个不是较好解决了法治和人治问题的。相反,一些国家虽然也一度实现快速发展,但并没有顺利迈进现代化的门槛,而是陷入这样或那样的'陷阱',出现经济社会发展停

---

① 习近平:《习近平谈治国理政》,外文出版社,2014,第91页。

滞甚至倒退的局面。后一种情况很大程度上与法治不彰有关。"①对于法治建设，习近平明确地提出："评价一个国家政治制度是不是民主的、有效的，主要看国家领导层能否依法有序更替，全体人民能否依法管理国家事务和社会事务、管理经济和文化事业，人民群众能否畅通表达利益要求，社会各方面能否有效参与国家政治生活，国家决策能否实现科学化、民主化，各方面人才能否通过公平竞争进入国家领导和管理体系，执政党能否依照宪法法律规定实现对国家事务的领导，权力运用能否得到有效制约和监督。"②习近平的论述，为我们提出了法治建设的一系列重大理论课题。

制度优势的理论创新，需要着力探索如何提升全体人民对中国特色社会主义制度的理论自信。"人民有信仰，国家有力量，民族有希望。"坚持和完善中国特色社会主义制度，需要培育和弘扬社会主义核心价值观，巩固和加强全体人民共同奋斗的思想基础。这就需要我们从马克思主义博大精深的思想理论中，着力阐发其科学的世界观、人生观和价值观，为全体人民坚定不移走中国特色社会主义道路提供坚定的理论支撑；这就需要我们从中华民族深厚的文化传统中，着力地阐发爱国主义精神和勇于担当的家国情怀，强化全体人民对中国特色社会主义制度深刻认同的文

---

① 中共中央文献研究室编《习近平关于全面依法治国论述摘编》，中央文献出版社，2015，第12页。
② 习近平：《坚持和完善中国特色社会主义制度 推进国家治理体系和治理能力现代化》，《求是》，2020年第1期，第8页。

化底蕴；这就需要我们面对当代世界思想观念和价值取向日益活跃、意识形态和社会思潮纷纭激荡的新形势，着力地研究当代的价值观冲突，在不同社会制度的深刻比较中增强全体人民对中国特色社会主义的道路自信、理论自信、制度自信和文化自信。

（五）掌握马克思主义关于文化建设的思想

"学习马克思，就要学习和实践马克思主义关于文化建设的思想。马克思认为，在不同的经济和社会环境中，人们生产不同的思想和文化，思想文化建设虽然决定于经济基础，但又对经济基础发生反作用。先进的思想文化一旦被群众掌握，就会转化为强大的物质力量；反之，落后的、错误的观念如果不破除，就会成为社会发展进步的桎梏。理论自觉、文化自信，是一个民族进步的力量；价值先进、思想解放，是一个社会活力的来源。国家之魂，文以化之，文以铸之。我们要立足中国，面向现代化、面向世界、面向未来，巩固马克思主义在意识形态领域的指导地位，发展社会主义先进文化，加强社会主义精神文明建设，把社会主义核心价值观融入社会发展各方面，推动中华优秀传统文化创造性转化、创新性发展，不断提高人民思想觉悟、道德水平、文明素养，不断铸就中华文化新辉煌。"①

文化是一个国家、一个民族的灵魂。文化的力量深深地熔铸在民族的生命力、创造力和凝聚力之中。"文化自信是一个国家、一个民族发展中更基本、更深沉、更持久的力量。"②在当代，文化越来越成为民族振兴和社会发展的重要源泉，越来越成为综合国力竞争的重要因素。学习马克思主义关于文化建设的思想，发展社会主义先进文化，培育和践行社会主义核心价值观，就会更好地构筑中国精神、中国价值、中国力量。

文化是人类活动的产物。广义的文化包括物质文化、制度文化和精神文化；狭义的文化主要是指精神文化，既包括社会心理、风俗习惯等，又包括宗教、艺术、科学和哲学等社会意识形式。"一定的文化（当作观念形态的文化）是一定社会的政治和经济的反映，又给予伟大影响和作用于一定社会的政治和经济。"③先进文化是反映先进生产力发展要求的、符合广大人民群众根本利益的、体现社会进步方向的文化。先进文化具有科学性、时代性和创新性，它对于人的塑造和社会发展具有重要作用。

文化对于社会发展的推动作用，主要体现在四个方面：一是为社会发展提供思想保证，先进的思想理论指导人们自觉地构建适合生产力发展要求的社会制度和体制，协调和处理各种经济关

---

① 习近平：《在纪念马克思诞辰 200 周年大会上的讲话》，人民出版社，2018，第 19—20 页。

② 习近平：《决胜全面建成小康社会　夺取新时代中国特色社会主义伟大胜利——在中国共产党第十九次全国代表大会上的报告》，人民出版社，2017，第 23 页。

③ 毛泽东：《毛泽东选集》第二卷，人民出版社，1991，第 663—664 页。

系、政治关系和全部社会关系，促进文明形态的变革；二是为社会发展提供精神动力，营造自己时代的文化氛围，制约人们的心理特征、精神面貌和行为取向，汇聚社会发展的精神力量；三是为社会发展提供智力支持，提升劳动者的综合素质，促进科学发现和技术发明，并作为思想观念而成为社会发展的内在驱动力；四是为社会发展提供凝聚力量，将整个社会动员起来，为共同的理想而奋斗，形成一个国家的软实力。

任何一种民族文化都蕴含着特有的民族精神。民族精神深深地植根于一个民族的文化传统之中，民族文化是民族精神的基础和依托，民族精神是民族文化的核心和灵魂。中华文化积淀着中华民族最深沉的精神追求，包含着中华民族最根本的精神基因，是中华民族生生不息、团结奋斗的不竭动力。个人的经历，总是与国家、民族的经历密不可分的；个人的精神家园，总是与国家、民族的精神家园水乳交融的。在一个国家、民族的文化传统和精神家园中，饱含着这个国家、民族的苦难、奋斗和追求，并构成这个国家、民族的文化基因和文明血脉。文化兴则国运兴，文化强则民族强。中华民族要屹立于世界民族之林，要实现振兴强盛，就要文化的积极引领，就要以文化的繁荣发展为支撑。

"中国特色社会主义文化，源自于中华民族五千多年文明历史所孕育的中华优秀传统文化，熔铸于党领导人民在革命、建设、改革中创造的革命文化和社会主义先进文化，植根于中国特色社会主义伟大实践。"①发展中国特色社会主义文化,就要以马克思主义为指导,用发展着的马克思主义引领文化建设,将马克思主义立场、观点、方法用于文化建设的具体实践和文化建设的全过程。发展中国特色社会主义文化,就要坚守中华文化立场,维护中华文化基本元素,强化对中华优秀传统文化的挖掘和阐发,使之成为新时代鼓舞人民奋发进取的精神力量。发展中国特色社会主义文化,就要立足当代中国现实,准确把握我国社会政治经济文化发展的新要求,准确把握人民群众对文化生活和精神家园的新期待,在实践创造中推进文化创造,在历史进步中实现文化进步,推动社会主义精神文明和物质文明协调发展。发展中国特色社会主义文化,就要坚持为人民服务、为社会主义服务,坚持百花齐放、百家争鸣,不断铸就中华文化新辉煌。

在中国特色社会主义文化建设中,哲学社会科学具有不可替代的重要作用。"哲学社会科学是人们认识世界、改造世界的重要工具,是推动历史发展和社会进步的重要力量,其发展水平反映了一个民族的思维能力、精神品格、文明素质,体现了一个国家的综合国力和国际竞争力。一个国家的发展水平,既取决于自然科学发展水平,也取决于哲学社会科学发展水平。一个没有发达的自然科学的国家不可能走在世界前列,一个没有繁荣的哲学社会科学的国家也不可能走在世界前列。坚持和发展中国特色社

---

① 习近平:《决胜全面建成小康社会 夺取新时代中国特色社会主义伟大胜利——在中国共产党第十九次全国代表大会上的报告》,人民出版社,2017,第41页。

会主义,需要不断在实践和理论上进行探索、用发展着的理论指导发展着的实践。"①揆诸人类文明史,"人类社会每一次重大跃进,人类文明每一次重大发展,都离不开哲学社会科学的知识变革和思想先导"②。"历史表明,社会大变革的时代,一定是哲学社会科学大发展的时代。当代中国正经历着我国历史上最为广泛而深刻的社会变革,也正在进行着人类历史上最为宏大而独特的实践创新。这种前无古人的伟大实践,必将给理论创造、学术繁荣提供强大动力和广阔空间。这是一个需要理论而且一定能够产生理论的时代,这是一个需要思想而且一定能够产生思想的时代。"③在中国特色社会主义文化建设中,我们要以马克思主义为指导,弘扬中华民族几千年来积累的知识智慧和理性思辨,立时代之潮头,通古今之变化,发思想之先声,让世界知道"学术中的中国""理论中的中国""哲学社会科学中的中国",让世界知道"发展中的中国""开放中的中国""为人类文明做贡献的中国"。

(六)掌握马克思主义关于社会建设的思想

"学习马克思,就要学习和实践马克思主义关于社会建设的

---

① 习近平:《在哲学社会科学工作座谈会上的讲话》,人民出版社,2016,第2页。
② 习近平:《在哲学社会科学工作座谈会上的讲话》,人民出版社,2016,第3页。
③ 习近平:《在哲学社会科学工作座谈会上的讲话》,人民出版社,2016,第8页。

思想。马克思、恩格斯设想，在未来社会中，'生产将以所有的人富裕为目的'，'所有人共同享受大家创造出来的福利'。恩格斯结合马克思在《共产党宣言》《哥达纲领批判》《资本论》等著作中提出的一系列主张，阐明在社会主义条件下，社会应该'给所有的人提供健康而有益的工作，给所有的人提供充裕的物质生活和闲暇时间，给所有的人提供真正的充分的自由'。人民对美好生活的向往就是我们的奋斗目标。我们要坚持以人民为中心的发展思想，抓住人民最关心最直接最现实的利益问题，不断保障和改善民生，促进社会公平正义，在更高水平上实现幼有所育、学有所教、劳有所得、病有所医、老有所养、住有所居、弱有所扶，让发展成果更多更公平惠及全体人民，不断促进人的全面发展，朝着实现全体人民共同富裕不断迈进。"①

学习和实践马克思主义关于社会建设的思想，首先应当深刻理解马克思主义关于人与社会关系的思想，从人与社会关系去把握"社会"和"社会建设"，从人与社会关系去把握"人的发展"与"社会发展"，把人民对美好生活的向往作为社会建设的奋斗目标，把人民最关心最直接最现实的利益问题作为社会建设的实质内容，把实现人的全面发展作为社会建设的理想追求。

关于"人"与"社会"的关系，马克思明确地指出："人的本质不是单个人所固有的抽象物，在其现实性上，它是一切社会关系

---

① 习近平：《在纪念马克思诞辰 200 周年大会上的讲话》，人民出版社，2018，第 20—21 页。

的总和。"①"人的本质是人的真正的社会联系,所以人在积极实现自己本质的过程中创造、生产人的社会联系、社会本质,而社会本质不是一种同单个人相对立的抽象的一般的力量,而是每一个单个人的本质,是他自己的活动,他自己的生活,他自己的享受,他自己的财富。"②因此,"首先应当避免重新把'社会'作为抽象的本质同个体对立起来"③。"只有在社会中,自然界才是人自己的人的存在的基础,才是人的现实的生活要素。只有在社会中,人的自然的存在对他来说才是自己的人的存在,并且自然界对他来说才成为人。因此,社会是人同自然界的完成了的本质的统一。"④马克思关于人与社会及其关系的论述,不仅深刻地揭示了人的社会性,而且深刻地揭示了人与社会和人与自然的关系,从而赋予"社会"概念以深刻的思想内涵,引领我们从人的发展与社会发展的统一中把握"社会"和"社会建设"。

关于"社会",马克思明确地指出:"社会——不管其形式如何——是什么呢?是人们交互活动的产物。人们能否自由选择某一社会形式呢?决不能。在人们的生产力发展的一定状况下,就会有一定的交换[commerce]和消费形式。在生产、交换和消费发展的一定阶段上,就会有相应的社会制度形式、相应的家庭、

---

① 中共中央马克思恩格斯列宁斯大林著作编译局编译《马克思恩格斯选集》第1卷,人民出版社,2012,第135页。
② 马克思:《1844年经济学哲学手稿》,人民出版社,2000,第170—171页。
③ 马克思:《1844年经济学哲学手稿》,人民出版社,2000,第84页。
④ 马克思:《1844年经济学哲学手稿》,人民出版社,2000,第83页。

等级或阶级组织，一句话，就会有相应的市民社会。"①"各个人借以进行生产的社会关系，即社会生产关系，是随着物质生产资料、生产力的变化和发展而变化和改变的。生产关系总合起来就构成所谓社会关系，构成所谓社会，并且是构成一个处于一定历史发展阶段上的社会，具有独特的特征的社会。"②马克思关于"社会"的论述，不仅深刻地揭示了"社会"的本质和内容，而且深刻地揭示了生产力、生产关系与全部社会关系的辩证关系，引领我们从人类社会发展规律去看待"社会"和"社会建设"。

学习马克思主义的社会理论，并以此为基础而深化对"社会建设"的理解，还必须掌握马克思主义的社会批判论和社会理想论。马克思主义的社会理论，首先是批判资本主义社会的理论，深刻地揭示了资本主义社会的矛盾关系，即资本与雇佣劳动的矛盾关系。"资本主义的生产方式和积累方式，从而资本主义的私有制，是以那种以自己的劳动为基础的私有制的消灭为前提的，也就是说，是以劳动者的被剥夺为前提的。"③"把资本变为公共的、属于社会全体成员的财产，这并不是把个人财产变为社会财产。这里所改变的只是财产的社会性质。"④把资本的独立性和个

---

① 中共中央马克思恩格斯列宁斯大林著作编译局编译《马克思恩格斯选集》第4卷，人民出版社，2012，第408页。
② 中共中央马克思恩格斯列宁斯大林著作编译局编译《马克思恩格斯选集》第1卷，人民出版社，2012，第340页。
③ 中共中央马克思恩格斯列宁斯大林著作编译局编译《马克思恩格斯全集》第44卷，人民出版社，2001，第887页。
④ 中共中央马克思恩格斯列宁斯大林著作编译局编译《马克思恩格斯选集》第1卷，人民出版社，2012，第415页。

性变为每个人的独立性和个性,从而使"每个人的自由发展"成为"一切人的自由发展的条件",这就是由马克思主义的社会批判理论所构成的马克思主义的社会理想论。实现这一社会理想的现实道路,是由社会主义代替资本主义;建设中国特色社会主义的根本目标,是实现马克思主义的社会理想。中国特色社会主义的"社会建设",就是实现马克思主义的社会理想的伟大实践。

马克思恩格斯提出,在社会主义条件下,社会应该"给所有的人提供健康而有益的工作,给所有的人提供充裕的物质生活和闲暇时间,给所有的人提供真正的充分的自由"[①]。中国特色社会主义的社会建设,就是要坚持以人民为中心的发展思想,始终把人民利益摆在至高无上的地位,抓住人民最关心最直接最现实的利益问题,让改革发展成果更多更公平惠及全体人民,朝着实现全体人民共同富裕不断迈进。

民生是人民幸福之基、社会和谐之本。增进民生福祉是我们党坚持立党为公、执政为民的本质要求。经济发展是民生改善的物质基础,离开经济发展就无以改善民生。保障和改善民生,就要促进社会公平正义,在更高水平上实现幼有所育、学有所教、劳有所得、病有所医、老有所养、住有所居、弱有所扶,让发展成果更多更公平惠及全体人民,不断促进人的全面发展。不断满足人民日益增长的美好生活需要,就要形成有效的社会治理、良好的社会秩序,使人民的获得感、幸福感、安全感更加充实、更

---

① 中共中央马克思恩格斯列宁斯大林著作编译局编译《马克思恩格斯全集》第21卷,人民出版社,1965,第570页。

有保障、更可持续。"党的一切工作必须以最广大人民根本利益为最高标准。我们要坚持把人民群众的小事当作自己的大事,从人民群众关心的事情做起,从让人民群众满意的事情做起,带领人民不断创造美好生活!"①

(七) 掌握马克思主义关于人与自然关系的思想

"学习马克思,就要学习和实践马克思主义关于人与自然关系的思想。马克思认为,'人靠自然界生活',自然不仅给人类提供了生活资料来源,如肥沃的土地、鱼产丰富的江河湖海等,而且给人类提供了生产资料来源。自然物构成人类生存的自然条件,人类在同自然的互动中生产、生活、发展,人类善待自然,自然也会馈赠人类,但'如果说人靠科学和创造性天才征服了自然力,那么自然力也对人进行报复'。自然是生命之母,人与自然是生命共同体,人类必须敬畏自然、尊重自然、顺应自然、保护自然。我们要坚持人与自然和谐共生,牢固树立和切实践行绿水青山就是金山银山的理念,动员全社会力量推进生态文明建设,共建美丽中国,让人民群众在绿水青山中共享自然之美、生命之美、生活之美,走出一条生产发展、生活富裕、生态良好的

---

① 习近平:《决胜全面建成小康社会 夺取新时代中国特色社会主义伟大胜利——在中国共产党第十九次全国代表大会上的报告》,人民出版社,2017,第50页。

文明发展道路。"①

人与自然关系的思想，在马克思主义基本原理中占有重要位置。人靠自然界生活，自然物构成人类生存的自然条件，人类在同自然的互动中生产、生活、发展，人与自然是生命共同体。认真学习和深刻领悟马克思主义关于人与自然关系的思想，深化对"创新、协调、绿色、开放、共享"的新发展理念的理解，我们就会在中国特色社会主义的伟大实践中，走出一条生产发展、生活富裕、生态良好的文明发展道路，促进人类文明形态的变革。

深刻领悟马克思主义关于人与自然关系的思想，首先要学习把握马克思主义的"自然"概念。作为一切存在物的总和的自然，这是最广义的自然概念，也是通常所理解的自然概念。在广义的自然概念中，"人是自然界的一部分"，"人直接地是自然存在物"②。但是，从人与自然的关系来看，人是自然界长期发展的产物，人类的出现又赋予"自然"以新的含义，这就是与人相对的自然，也就是相对于人、人类、人类社会、人类历史、人类文明而言的自然。在人与自然的关系中，"自然"是人的外部环境，是人的生存条件，是人类生产得以进行、人类社会得以存续、人类文明得以发展的客观自然条件的总和。这意味着，"人不仅仅是自然存在物，而且是人的自然存在物，就是说，是自为地存在着的

---

① 习近平：《在纪念马克思诞辰 200 周年大会上的讲话》，人民出版社，2018，第 21—22 页。
② 马克思：《1844 年经济学哲学手稿》，人民出版社，2000，第 57、105 页。

存在物，因而是类存在物"①。人同其他自然存在物一样不能离开自然界，但要通过自身的劳动来改造自然界，从而满足自己的需要。"一当人开始生产自己的生活资料，即迈出由他们的肉体组织所决定的这一步的时候，人本身就开始把自己和动物区别开来。人们生产自己的生活资料，同时间接地生产着自己的物质生活本身。"②因此，"历史可以从两个方面来考察，可以把它划分为自然史和人类史。但这两方面是不可分割的；只要有人存在，自然史和人类史就彼此相互制约"③。由此我们可以看到，在马克思主义关于人与自然关系的思想中，有三个层次的自然概念：一是作为一切存在物的总和的自然，二是作为人类生活环境的自然，三是作为人类活动要素的自然。这三个层次的自然概念，既是相互区别的，又是相互制约的。深刻地理解这三个层次的自然概念，才能准确地把握马克思主义关于人与自然关系的思想。

人与自然的关系，深刻地体现在人与动物的区别。"动物和自己的生命活动是直接同一的。动物不把自己同自己的生命活动区别开来。它就是自己的生命活动。人则使自己的生命活动本身变成自己意志的和自己意识的对象。"④"动物只是按照它所属的那个种的尺度和需要来构造，而人却懂得按照任何一个种的尺度

---

① 马克思：《1844年经济学哲学手稿》，人民出版社，2000，第107页。
② 中共中央马克思恩格斯列宁斯大林著作编译局编译《马克思恩格斯选集》第1卷，人民出版社，2012，第147页。
③ 中共中央马克思恩格斯列宁斯大林著作编译局编译《马克思恩格斯选集》第1卷，人民出版社，2012，第146页。
④ 中共中央马克思恩格斯列宁斯大林著作编译局编译《马克思恩格斯选集》第1卷，人民出版社，2012，第56页。

来进行生产,并且懂得处处都把固有的尺度运用于对象;因此,人也按照美的规律来构造。"①人按照"任何一个种的尺度"进行生产,也就是按照自然界的各种存在物的"客观规律"进行生产,因此,人是一种可以发现、掌握和运用"客观规律"的存在;人又按照自己的"内在的尺度"进行生产,也就是按照自己的需要和目的进行生产,因此人又是一种把自己的生命活动变成目的性、对象性活动的存在;人既按照"任何一个种的尺度",又按照自己的"内在的尺度"进行生产,也就是在"合规律性"与"合目的性"的统一中生产,因此,"人也按照美的规律来塑造"。从人与自然的关系来看,人类"按照美的规律"对待自然,就要在人类同自然的互动中生产、生活、发展,就要在"合规律性"与"合目的性"的统一中生产、生活、发展,就要在人与自然的"生命共同体"中生产、生活、发展,人类就要"敬畏自然、善待自然、顺应自然、保护自然","与自然和谐共生"。

恩格斯在《自然辩证法》一书中就提出:"我们不要过分陶醉于我们人类对自然界的胜利。对于每一次这样的胜利,自然界都对我们进行报复。每一次胜利,起初确实取得了我们预期的结果,但是往后和再往后却发生完全不同的、出乎预料的影响,常常把最初的结果又消除了。"②历史教训表明,破坏人类赖以生存和发展的自然,就必然威胁人类自身的生存和发展。人类只有遵循自然规律,有效地防止重走在开发自然中破坏自然的弯路,才

---

① 中共中央马克思恩格斯列宁斯大林著作编译局编译《马克思恩格斯选集》第1卷,人民出版社,2012,第57页。
② 中共中央马克思恩格斯列宁斯大林著作编译局编译《马克思恩格斯选集》第3卷,人民出版社,2012,第998页。

能实现人类自身的永续发展。"中国特色社会主义进入新时代，我国社会主要矛盾已经转化为人民日益增长的美好生活需要和不平衡不充分的发展之间的矛盾。"①"我们要建设的现代化是人与自然和谐共生的现代化，既要创造更多物质财富和精神财富以满足人民日益增长的美好生活需要，也要提供更多优质生态产品以满足人民日益增长的优美生态环境需要。"②

生态文明建设功在当代、利在千秋。党的十八大以来，我们党围绕生态文明建设提出了一系列新理念、新思想、新战略，开展了一系列根本性、开创性、长远性工作，其污染治理力度之大、制度出台频度之密、监督执法尺度之严、环境质量改善速度之快，推动生态环境保护发生历史性、转折性、全局性变化。学习马克思主义关于人与自然关系的思想，就要使生态文明理念深入人心，推动形成绿色发展方式和生活方式，坚决摒弃损害甚至破坏生态环境的增长模式，形成绿色低碳、文明健康的生活方式，把建设美丽中国转化为全体人民的自觉行动，为保护生态环境作出我们这代人的努力。

（八）掌握马克思主义关于世界历史的思想

"学习马克思，就要学习和实践马克思主义关于世界历史的

---

① 习近平：《决胜全面建成小康社会 夺取新时代中国特色社会主义伟大胜利——在中国共产党第十九次全国代表大会上的报告》，人民出版社，2017，第11页。

② 习近平：《决胜全面建成小康社会 夺取新时代中国特色社会主义伟大胜利——在中国共产党第十九次全国代表大会上的报告》，人民出版社，2017，第50页。

思想。马克思、恩格斯说：'各民族的原始封闭状态由于日益完善的生产方式、交往以及因交往而自然形成的不同民族之间的分工消灭得越是彻底，历史也就越是成为世界历史。'马克思、恩格斯当年的这个预言，现在已经成为现实，历史和现实日益证明这个预言的科学价值。今天，人类交往的世界性比过去任何时候都更深入、更广泛，各国相互联系和彼此依存比过去任何时候都更频繁、更紧密。一体化的世界就在那儿，谁拒绝这个世界，这个世界也会拒绝他。万物并育而不相害，道并行而不相悖。我们要站在世界历史的高度审视当今世界发展趋势和面临的重大问题，坚持和平发展道路，坚持独立自主的和平外交政策，坚持互利共赢的开放战略，不断拓展同世界各国的合作，积极参与全球治理，在更多领域、更高层面上实现合作共赢、共同发展，不依附别人、更不掠夺别人，同各国人民一道努力构建人类命运共同体，把世界建设得更加美好。"①

19世纪中叶，马克思、恩格斯在其合著的《德意志意识形态》中极富洞察力地提出，"我们的时代"的根本特征和基本标志是"历史向世界历史的转变"。这种"转变"深刻地表现在，"单个人随着自己的活动扩大为世界性的活动"，"每一个单个人的解放的程度是与历史完全转变为世界历史的程度一致的"。20世纪中叶以来，人类社会发生了空前的重大跃迁，人类文明实现了空前的重大发展，人类自身也面临空前的重大挑战。这一重大跃迁、

---

① 习近平：《在纪念马克思诞辰200周年大会上的讲话》，人民出版社，2018，第22—23页。

重大发展和重大挑战的实质，是"历史"转变为"世界历史"在"程度"上的重大飞跃，从而构成了当今具有特定内涵的"我们的时代"。

关于"历史向世界历史的转变"的"资产阶级时代"，马克思、恩格斯在其合著的《共产党宣言》中作出了具体的、深刻的描述和阐释：其一，"资产阶级在它的不到一百年的阶级统治中所创造的生产力，比过去一切世代创造的全部生产力还要多，还要大"。其二，"由于开拓了世界市场，使一切国家的生产和消费都成为世界性的了"，"过去那种地方的和民族的自给自足和闭关自守状态，被各民族的各方面的互相往来和各方面的相互依赖所代替了"。其三，"物质的生产是如此，精神的生产也是如此。各民族的精神产品成了公共的财产。民族的片面性和局限性日益成为不可能"。其四，资产阶级"迫使一切民族""采用资产阶级的生产方式"，"它按照自己的面貌为自己创造出一个世界"。其五，资产阶级不仅"使农村从属于城市"，而且"使未开化和半开化的国家从属于文明的国家，使农民的民族从属于资产阶级的民族，使东方从属于西方"。其六，资产阶级"日甚一日地消灭生产资料、财产和人口的分散状态"，"由此必然产生的结果就是政治的集中"。其七，"生产的不断变革，一切社会状况不停的动荡，永远的不安定和变动，这就是资产阶级时代不同于过去一切时代的地方"。其八，"一切固定的僵化的关系以及与之相适应的素被尊崇的观念和见解都被消除了，一切新形成的关系等不到固定下来就陈旧了。一切等级的和固定的东西都烟消云散了，一切神圣的东西都被亵渎了"①。

马克思恩格斯所阐述的历史向世界历史转变的"资产阶级时代",从根本上改变了人类存在的历史形态,即从农业文明的"人对人的依附性"存在,转变为工业文明的"以物的依赖性为基础的人的独立性"的存在。因此,"资产阶级时代"就是马克思所揭示的人在"非神圣形象"(资本)中"自我异化"的时代。正是以人类文明的时代性变革为现实基础,以人的存在形态的历史性变革为实质内容,马克思明确地提出哲学的时代性使命:"真理的彼岸世界消逝以后,历史的任务就是确立此岸世界的真理。人的自我异化的神圣形象被揭穿以后,揭露具有非神圣形象的自我异化,就成了为历史服务的哲学的迫切任务。"②

与马克思恩格斯所阐述的"历史向世界历史的转变"的"资产阶级时代"相比,20世纪中叶以来的"我们的时代",实现了空前的"历史向世界历史的转变"。这种"转变",不仅表现为普遍化的"量的扩张",而且表现为时代性的"质的飞跃",这使"我们的时代"具有了新的历史性内涵。

中国特色社会主义不仅从根本上改变了近代以来的"东方从属于西方"的世界格局,而且塑造和引领了创建人类文明新形态的时代精神。"中国特色社会主义进入新时代",不仅在中华人民共和国发展史上、中华民族发展史上具有重大意义,而且在世界

---

① 中共中央马克思恩格斯列宁斯大林著作编译局编译《马克思恩格斯选集》第1卷,人民出版社,2012,第403页。
② 中共中央马克思恩格斯列宁斯大林著作编译局编译《马克思恩格斯选集》第1卷,人民出版社,2012,第2页。

社会主义发展史上、人类社会发展史上具有重大意义。当代中国马克思主义研究的"时代精神主题化",最为根本的就是新时代中国特色社会主义的主题化,就是指引新时代中国特色社会主义伟大实践的习近平新时代中国特色社会主义思想的主题化。

中国特色社会主义进入新时代,意味着中华民族迎来了从站起来、富起来到强起来的伟大飞跃,迎来了实现中华民族伟大复兴的光明前景。这个"新时代",是我国日益走近世界舞台中央、不断为人类作出更大贡献的时代。这就不仅从现实上彻底改变了"东方从属于西方"的世界格局,而且从理念上真实地打破了"西方模式"引领人类文明的神话。正在强起来的中国,实现中华民族伟大复兴的中国,尊重文明多样,追求合作共赢,不仅"各美其美""美人之美",而且追求"美美与共",以"人类命运共同体"的新的哲学理念创建人类文明的新形态。

中国特色社会主义进入新时代,意味着中国特色社会主义为解决人类问题贡献了中国智慧和中国方案。人类选择什么样的文明形态,各个国家选择什么样的发展道路,每个个体选择什么样的生活方式,这是当今世界的最为根本的时代性课题。从世界和时代的视野看,我们所面对的中国问题,并不仅仅是中国自己的问题,而且是中国所面对的世界性、时代性问题;我们所选择的中国特色社会主义道路,并不仅仅是中国自己的发展道路,而且是我们所开拓的创建人类文明新形态的发展道路;我们所积累的建设中国特色社会主义的经验,并不仅仅是中国自己的建设经验,而且对于人类走向未来有着世界性的意义与价值。作为当今世界最大的发展中国家,中国特色社会主义道路、理论、制度、文化不断发展,拓展了发展中国家走向现代化的途径,给世界上那些既希望加快发展又希望保持自身独立性的国家和民族提供了全新选择。解决当代人类问题的"中国智慧和中国方案",不仅凝聚了中国特色社会主义伟大实践的宝贵经验,而且以其所具有的世界意义塑造了人类走向未来的时代精神。

(九)掌握马克思主义关于马克思主义政党建设的思想

"学习马克思,就要学习和实践马克思主义关于马克思主义政党建设的思想。马克思认为,'在无产阶级和资产阶级的斗争所经历的各个发展阶段上,共产党人始终代表整个运动的利益','他们没有任何同整个无产阶级的利益不同的利益',而是要'为绝大多数人谋利益',为建设共产主义社会而奋斗。共产党要'在全世界面前树立起可供人们用来衡量党的运动水平的里程碑'。始终同人民在一起,为人民利益而奋斗,是马克思主义政党同其他政党的根本区别。我们要统揽伟大斗争、伟大工程、伟大事业、伟大梦想,增强政治意识、大局意识、核心意识、看齐意识,持之以恒推进全面从严治党,坚持把党的政治建设摆在首位,坚持和加强党的全面领导,坚决维护党中央权威和集中统一领导,做到坚持真理、修正错误,永远保持共产党人政治本色,把党建设成为始终走在时代前列、人民衷心拥护、勇于自我革命、经得起各种风浪考验、朝气蓬勃的马克思主义执政党!"①

中国共产党是用马克思主义武装起来的政党,是全心全意为人民谋幸福的政党,是勇于自我净化、自我完善、自我革新、自我提升的政党。学习马克思主义关于政党建设的思想,把党建设得更加坚强有力,不断提升全党的治国理政能力,让马克思恩格斯设想的人类社会美好前景不断在中国大地上生动展现出来,是掌握马克思主义这个"看家本领"的根本目的。

在马克思主义发展史上,马克思、恩格斯、列宁、毛泽东都极其重视无产阶级政党建设,紧密结合无产阶级政党的建设实践,系统地阐述了建设无产阶级政党的根本宗旨、基本理论、组织原则和奋斗目标。中国特色社会主义进入新时代,习近平在中国共产党第十九次全国代表大会上的报告中,明确地提出新时代党的建设总要求:"坚持和加强党的全面领导,坚持党要管党、全面从严治党,以加强党的长期执政能力建设、先进性和纯洁性建设为主线,以党的政治建设为统领,以坚定理想信念宗旨为根基,以调动全党积极性、主动性、创造性为着力点,全面推进党的政治建设、思想建设、组织建设、作风建设、纪律建设,把制度建设贯穿其中,深入推进反腐败斗争,不断提高党的建设质

---

① 习近平:《在纪念马克思诞辰200周年大会上的讲话》,人民出版社,2018,第23—24页。

量,把党建设成为始终走在时代前列、人民衷心拥护、勇于自我革命、经得起各种风浪考验、朝气蓬勃的马克思主义执政党。"① 学习马克思主义关于政党建设的思想,就要以"新时代党的建设总要求"为指导思想,全面落实和不断推进马克思主义执政党建设。

党的建设是一项"伟大工程",包括理论建设、思想建设、政治建设、组织建设、作风建设、廉政建设等诸多方面,首要的是党的政治建设。旗帜鲜明地讲政治是我们党作为马克思主义政党的根本要求。党的政治建设决定党的建设方向和效果。保证全党服从中央,坚持党中央权威和集中统一领导,是党的政治建设的首要任务。党领导人民治国理政,最重要的就是坚持正确政治方向,始终保持我们党的政治本色,始终沿着中国特色社会主义道路前进。我们党要始终做到不忘初心、牢记使命,必须增强政治意识,善于从政治上看问题,善于把握政治大局,不断提高政治判断力、政治领悟力、政治执行力。政治上的主动是最有利的主动,政治上的被动是最危险的被动。马克思主义政党建设必须首先坚持政治建设。

思想建设是党的基础性建设,坚定理想信念是思想建设的首要任务。理想因其远大而成为理想,信念因其坚定而成为信念。

---

① 习近平:《决胜全面建成小康社会 夺取新时代中国特色社会主义伟大胜利——在中国共产党第十九次全国代表大会上的报告》,人民出版社,2017,第61—62页。

共产主义远大理想和中国特色社会主义共同理想，是中国共产党人的精神支柱和政治灵魂，也是保持党的团结统一的思想基础。在党的建设中，必须把坚定理想信念作为党的思想建设的首要任务，使全党牢记党的宗旨，挺起共产党人的精神脊梁。中国共产党从诞生之日起就把马克思主义写在自己的旗帜上，就把实现共产主义确定为最高理想，就把为人民谋幸福作为自己的"初心"和"使命"。在中国共产党的百年历史中，无数中国共产党人就是以"砍头不要紧，只要主义真"的坚定信念和理想追求不惜流血牺牲，前仆后继地为理想而奋斗的。历史和实践证明，一个政党有了远大理想和崇高追求，就会坚强有力，无坚不摧，无往不胜；一个党员有了远大理想和崇高追求，就会光明磊落，精神饱满，奋力拼搏。反之，如果失去信仰、丢弃理想，就必然导致政治上变质、经济上贪婪、道德上堕落、生活上腐化。理想信念动摇是最危险的动摇，理想信念滑坡是最危险的滑坡。"打铁必须自身硬"。坚持党的思想建设，解决好世界观、人生观、价值观问题，才能自觉做共产主义远大理想和中国特色社会主义共同理想的坚定信仰者和忠实实践者。

　　坚定理想信念需要理论支撑，党的思想建设和理论建设是密不可分的。马克思主义的创始人马克思、恩格斯首先注重从理论上建党，他们合著的《共产党宣言》就是为人类历史上第一个共产党——共产主义者同盟——起草的纲领性文献。这份《宣言》从

"实践方面"和"理论方面"阐明了共产党的性质、纲领、策略和使命,为党的建设奠定了坚实的马克思主义理论基础。在领导无产阶级革命的伟大实践中,列宁一再强调指出,"没有革命的理论,就没有革命的运动","只有以先进理论为指南的党,才能实现先进战士的作用"①。中国共产党的缔造者毛泽东从接受马克思主义时就提出:"主义譬如一面旗子,旗子立起了,大家才有所指望,才知所趋赴。"②在领导中国革命的伟大实践中,毛泽东一再强调指出:"指导一个伟大的革命运动的政党,如果没有革命理论,没有历史知识,没有对于实际运动的深刻的了解,要取得胜利是不可能的。"③改革开放以来,党的十四届四中全会把"重新确立马克思主义思想路线"和"创立有中国特色社会主义理论"列为党的建设取得的两项"巨大成就",党的十六大提出"必须把党的思想理论建设摆在更突出的位置",党的十七大明确提出"思想理论建设是党的根本建设"。党的十八大以来,习近平明确指出:"回顾党的奋斗历程可以发现,我们党之所以能够不断历经艰难困苦创造新的辉煌,很重要的一条就是我们党始终重视思想建党、理论强党,坚持用科学理论武装广大党员、干部的头脑,使全党始终保持统一的思想、坚定的意志、强大的战斗力。"④在

---

① 中共中央马克思恩格斯列宁斯大林著作编译局编译《列宁选集》第 1 卷,人民出版社,2012,第 6、7 页。
② 中共中央文献研究室、中共湖南省委《毛泽东早期文稿》编辑组编《毛泽东早期文稿》,湖南人民出版社,1990,第 554 页。
③ 毛泽东:《毛泽东选集》第二卷,人民出版社,1991,第 533 页。
④ 习近平:《习近平谈治国理政》第二卷,外文出版社,2017,第 67 页。

党的十九大报告中，习近平提出，"用新时代中国特色社会主义思想武装全党"，"用党的创新理论武装头脑，推动全党更加自觉地为实现新时代党的历史使命不懈奋斗"[①]。学习和实践马克思主义关于马克思主义政党建设的思想，永远保持共产党人政治本色，坚定共产党人的理想追求，把党建设得更加坚强有力，这是实现中华民族伟大复兴的中国梦、实现人民对美好生活的向往的根本保证。

[①] 习近平：《决胜全面建成小康社会 夺取新时代中国特色社会主义伟大胜利——在中国共产党第十九次全国代表大会上的报告》，人民出版社，2017，第63页。

四、生动地展现马克思主义真理力量

马克思有一句名言:"理论只要说服人[ad hominem],就能掌握群众;而理论只要彻底,就能说服人[ad hominem]。"[①]系统地钻研马克思主义经典著作,真切地领悟马克思主义基本原理,我们就会切实地体会到:马克思主义是最为"有理"的理论、最为"讲理"的理论、最为"彻底"的理论、最能"说服人"的理论。

学习和实践马克思主义,不断从中汲取科学智慧和理论力量,才能坚持"实事求是"的思想路线、提升"矛盾分析"的理论思维、增强"战略思维"的实践智慧、夯实"制度自信"的理论根基、强化"理想信念"的理论支撑。把马克思主义变为我们的"伟大的认识工具",既用现实活化理论,又用理论照亮现实,这是真正掌握"看家本领"的生动体现。

---

① 中共中央马克思恩格斯列宁斯大林著作编译局编译《马克思恩格斯选集》第1卷,人民出版社,2012,第9—10页。

(一)坚持实事求是的思想路线

马克思主义的世界观和方法论,是中国共产党人端正思想路线、坚持实事求是的理论基石。邓小平指出:"搞社会主义一定要遵循马克思主义的辩证唯物主义和历史唯物主义,也就是毛泽东同志概括的实事求是。"① "实事"就是客观存在着的一切事物,"是"就是客观事物的规律性,"求"就是我们去研究、探索、把握客观事物的规律。坚持实事求是,就是要掌握辩证唯物主义的物质统一性原理、事物的矛盾运动原理和认识的能动反映原理,把握事物运动的客观规律性,发挥人的主观能动性,以马克思主义的世界观和方法论去"求"事物之"是"。

辩证唯物主义是由一系列基本原理和基本范畴构成的理论体系,其中的基本原理是世界的物质统一性原理、事物的矛盾运动原理和认识的能动反映原理。世界的物质统一性原理从物质与运动、物质与规律、物质与意识、自然存在与社会存在、自然规律与社会规律的相互关系中揭示了世界的物质统一性,是辩证唯物主义的唯物论基础,也是观察、分析、解决一切问题的立足点和出发点;事物的矛盾运动原理以对立统一规律、质量互变规律、

---

① 邓小平:《邓小平文选》第三卷,人民出版社,1993,第118页。

否定之否定规律揭示了事物矛盾运动的根据、事物矛盾运动的过程、事物矛盾运动的趋势，是辩证唯物主义的基本内容，也是观察、分析、解决一切问题的方法论基础；认识的能动反映原理从认识的实践基础、认识的辩证运动、检验认识的真理性标准以及真理与价值的统一揭示了认识世界、改造世界的基本规律，是辩证唯物主义的实践论基础，也是观察、分析、解决一切问题的主体性依据。

辩证唯物主义的三个基本原理是相互依存、密不可分的。辩证唯物主义认为，物质是标志客观实在的哲学范畴，运动是物质的根本属性和存在方式，世界就是事物的矛盾运动，人的认识就是掌握事物矛盾运动的规律，人的实践就是依据事物矛盾运动的规律改造世界，实现自己的价值追求。"物质"范畴是辩证唯物主义的基石，"矛盾"范畴是辩证唯物主义的灵魂，"规律"范畴是辩证唯物主义的实质，"实践"范畴是辩证唯物主义的核心。以"物质""矛盾""规律""实践"为基本范畴所构成的辩证唯物主义的理论大厦，实现了世界的物质统一性原理、事物的矛盾运动原理和认识的能动反映原理的有机统一，构成了科学地认识世界、能动地改造世界的辩证唯物主义的世界观和方法论。

任何重大的理论问题都源于重大的现实问题，任何重大的现实问题都深层地蕴含重大的理论问题。人的全部活动都离不开认识和实践这两个方面。人的认识活动是在观念上实现主观与客观的统一，从而正确地认识世界；人的实践活动是在行动中实现主观与客观的统一，从而能动地改造世界。精神与物质的关系问题，主观与客观的关系问题，决不只是哲学中的基本问题，而且是现实生活和实际工作中的根本问题。学习辩证唯物主义，最重要的是掌握事物的矛盾运动原理，坚持以对立统一规律去观察、分析、解决问题。能否以对立统一的辩证思维去看待世界上的一切事物，能否以波浪式前进和螺旋式上升的辩证思维去看待事物的发展过程和趋势，能否以矛盾分析的方法去观察和解决问题，能否掌握具体问题具体分析的辩证法的活的灵魂，是能否把事物的矛盾运动原理贯彻到实际工作中的生动体现。

辩证法是马克思主义的活的灵魂。唯物辩证法的基本范畴，内容丰富，内涵深刻：一是关于事物存在的物质与精神、物质与运动、物质与规律、自然存在与社会存在、自然规律与社会规律等基本范畴；二是关于事物矛盾的现象与本质、整体与部分、形式与内容、原因与结果、偶然与必然、可能与现实等基本范畴；三是分析事物矛盾的内因和外因、共性和个性、相对和绝对、两点论与重点论等基本范畴；四是关于人与世界关系的主观与客观、理论与实践、历史与逻辑、理想与现实、自由与必然等基本范畴。

在人类理论思维的发展进程中，求索天、地、人的人与自然之辨，探索你、我、他的人与社会之辨，反省知、性、意的人与自我之辨，追寻真、善、美的人与生活之辨，凝结成为把握人与世界关系的哲学范畴。中国哲学把宇宙和人生视为生生不息的过程，在"究天人之际"和"通古今之变"的哲学探索中，提出了天地、道德、性命、礼义、体用、理气、知行等一系列辩证互补的哲学范畴，并以这种辩证智慧对待内外、人己、义利、仁智、道器、理欲、荣辱、生死等矛盾关系，形成了天人合一的宇宙观、革故鼎新的发展观、刚健有为的人生观、知行合一的认识论和天下大同的社会理想。西方哲学的思维与存在、经验与超验、主体与客体、感性与理性、直觉与逻辑、相对与绝对等基本范畴，现代哲学的真理与价值、科学与人文、理解与解释、证实与证伪、规律与趋势、标准与选择、确定与非确定等基本范畴，从不同角度反映了理论思维对事物矛盾的把握。马克思主义的唯物辩证法是在批判地继承人类思想史的基础上所形成的"通晓思维的历史和成就"的理论思维。

在马克思主义哲学发展史上，马克思、恩格斯、列宁、毛泽东都对唯物辩证法及其基本范畴作出了系统的论述。马克思深刻地揭示和论述了辩证法的"革命的和批判的"本质，特别是以《资本论》为标志集中地展开对资本主义的批判，提供了运用现象与本质、抽象与具体、历史与逻辑等唯物辩证法的基本范畴研究"现实的历史"的活生生的哲学智慧。恩格斯明确提出辩证法是"一种建立在通晓思维的历史和成就的基础上的理论思维"，特别是以《反杜林论》和《自然辩证法》为标志，系统地论证和阐发了唯物辩证法的思维方式。列宁致力于从辩证法与认识论的统一中推进辩证法，提出辩证法的基本范畴是人类认识的"阶梯"和"支撑点"，特别是以《哲学笔记》为标志深刻地阐述了唯物辩证法的基本原理和基本范畴。毛泽东对辩证法的贡献，突出地体现在他把辩证法的思维方式和基本范畴"转识成智"，实现为指导工作的实践智慧。以《实践论》和《矛盾论》为主要标志的毛泽东哲学思想，既是实践论的辩证法，又是辩证法的实践论，既揭示了从实践到认识、再从认识到实践的辩证认识规律，又展现了把握事物矛盾的共性与个性、相对与绝对、两点论与重点论相统一的实践智慧。这个实践智慧的辩证法还生动地体现在《中国革命战争的战略问题》《论持久战》《战争和战略问题》《新民主主义论》《关于正确处理人民内部矛盾的问题》等著作中，为我们提供了分析和解决问题的生动鲜活的唯物辩证法。

学习掌握辩证唯物主义，目的在于科学地认识世界、能动地改造世界。范畴是思维的"联结点"，又是认识的"阶梯"和"支撑点"。马克思在《资本论》序言中提出："分析经济形式，既不能用显微镜，也不能用化学试剂，二者都必须用抽象力代替。""抽象力"就是运用概念、范畴去把握、分析事物矛盾运动的理论思维。人的认识充满主观与客观、感性与理性、分析与综合、抽象与具体、逻辑与直觉、渐进与飞跃等诸种矛盾。在人的认识活动中，认识客观事物、掌握客观规律与传承历史文化、发挥主观能动性是不能分割的，认识新的事物、分析新的矛盾与解放思想、创新思维是不能分割的。理论思维对于坚持实事求是的思想路线具有极为重大的现实意义。

四、生动地展现马克思主义真理力量

实事求是,一是要把握"实事",二是要分析"实事",三是要洞察"实事"。把握、分析和洞察"实事",最根本的方法就是调查研究。毛泽东说:"凡是忧愁没有办法的时候,就去调查研究。"①从人的认识活动看,调查研究是从感性认识上升到理性认识的过程,是从把握事物的现象飞跃到认识事物的本质和规律的过程。"调查"是在科学的世界观和方法论的指导下,深入实践,努力全面把握客观情况;"研究"是对调查所获取的客观情况,运用理论思维进行分析综合、抽象概括,从"事"中求"是"。在调查研究中,立场、观点、方法不同,理论思维的水平和能力不同,其结果就迥然有别甚至截然相反。毛泽东说:"我们的口号是:一,不做调查就没有发言权。二,不做正确的调查同样没有发言权。"②"眼睛向下"、"有的放矢"、"亲自出马"、"解剖麻雀"、"全面调查",在调查基础上进行"去粗取精、去伪存真、由此及彼、由表及里"的"研究",就是毛泽东把辩证唯物主义的基本原理和方法论运用于调查研究的生动体现。

"实事求是"不是一个抽象的口号,也不是一句空洞的套话,而是以理论思维探索和掌握客观规律的艰苦过程。"实事"是极其复杂的,"规律"是看不见、摸不着的。只有掌握辩证唯物主义世界观和方法论,运用科学的理论思维,才能从纷繁复杂的现象和相互制约的矛盾中形成规律性的认识,找到解决矛盾的办法。列

---

① 中共中央文献研究室编《毛泽东文集》第八卷,人民出版社,1999,第261页。
② 中共中央文献研究室编《毛泽东文集》第一卷,人民出版社,1993,第268页。

宁说:"在社会现象领域,没有哪种方法比胡乱抽出一些个别事实和玩弄实例更普遍、更站不住脚了。挑选任何例子是毫不费劲的,但这没有任何意义,或者有纯粹消极的意义,因为问题完全在于,每一个别情况都有其具体的历史环境。如果从事实的整体上、从它们的联系中去掌握事实,那么,事实不仅是'顽强的东西',而且是绝对确凿的证据。如果不是从整体上、不是从联系中去掌握事实,如果事实是零碎的和随意挑选出来的,那么它们就只能是一种儿戏,或者连儿戏也不如。"①只有坚持马克思主义的世界观和方法论,既研究最大量、最普遍、最常见的事实,又研究最反常、最不近情理、最难以理喻的事实,特别是研究最新出现、不断增长和具有普遍趋势的事实,才能从整体上、规律上把握客观事物,真正做到"实事求是"。

(二)提升矛盾分析的理论思维

科学地认识和改造世界,就要提高理论思维水平。恩格斯说,"理论思维无非是才能方面的一种生来就有的素质",但"这种才能需要发展和培养"②。马克思主义哲学就是"建立在通晓思

---

① 中共中央马克思恩格斯列宁斯大林著作编译局编译《列宁全集》第28卷,人民出版社,2017,第364页。
② 中共中央马克思恩格斯列宁斯大林著作编译局编译《马克思恩格斯选集》第3卷,人民出版社,2012,第873页。

四、生动地展现马克思主义真理力量

维历史及其成就的基础上的理论思维形式的支配"①。提高理论思维水平的基本途径，就是学习掌握马克思主义哲学的基本原理和方法论。

理论是规范人的思想和行为的各种概念系统。理论思维是以概念系统为内容的把握世界的基本方式。理论思维不同于经验思维和常识思维：一是具有向上的兼容性，以积淀人类文明史的概念、范畴作为把握历史和现实的"阶梯"和"支撑点"；二是具有时代的容涵性，以反映现实的概念、范畴构成思想中的现实；三是具有逻辑的展开性，以概念、范畴的逻辑关系构成把握现实的理性具体；四是具有思想的开放性，以解决理论与经验之间以及不同理论之间的矛盾为对象而实现理论自身的变革与发展。理论思维以逻辑化、体系化的概念系统规范人们想什么和不想什么、怎么想和不怎么想、做什么和不做什么、怎么做和不怎么做，也就是规范人们的思想内容和思维方式、行为内容和行为方式。理论背景不同，理论思维水平不同，直接地制约人们对现实的把握和理解。

理论思维对人的认识和实践的作用，主要体现在它的解释功能、规范功能、批判功能和引导功能。辩证唯物主义的世界物质统一性原理、事物矛盾运动原理和认识能动反映原理，从世界观上解释了自然、社会和思维发展的普遍规律，对于整个世界和人

---

① 中共中央马克思恩格斯列宁斯大林著作编译局编译《马克思恩格斯全集》第 26 卷，人民出版社，2014，第 528 页。

的全部活动都具有最高的概括性和最普遍的解释力。学习掌握辩证唯物主义的基本原理，就会从世界观和方法论上提高我们的理论思维的解释能力，举一反三，触类旁通。辩证唯物主义的基本原理和基本范畴，构成了我们把握世界的最深层的概念系统，从世界观上规范了我们的所思所想和所作所为，从根本上提高了我们的理论思维的规范能力。运用辩证唯物主义的世界观和方法论去反省和矫正人的认识活动和实践活动，会不断地提高我们的理论思维的批判能力，促使我们更全面地反映现实，更深层地透视现实，更合理地指导实践。恩格斯说，辩证唯物主义是"沿着实证科学和利用辩证思维对这些科学成果进行概括的途径去追求可以达到的相对真理"[①]。历史在发展，社会在进步，科技在革命，改革在攻坚，学习掌握辩证唯物主义的科学世界观，有利于我们形成新的世界图景、新的理想蓝图和新的价值追求。

习近平坚持和运用辩证唯物主义和历史唯物主义的世界观和方法论，深切把握人类历史的发展规律和中国历史发展的大趋势，深刻洞悉当今时代的新特征和当代世界的新格局，站在实现中华民族伟大复兴的制高点上，要求全党"增强辩证思维、战略思维能力，努力提高解决我国改革发展基本问题的本领"。

辩证思维，是承认矛盾、面对矛盾、分析矛盾、解决矛盾的理论思维。在实际工作中，特别是在我国改革发展的波澜壮阔的

---

① 中共中央马克思恩格斯列宁斯大林著作编译局编译《马克思恩格斯选集》第4卷，人民出版社，2012，第226页。

伟大实践中,战略思维主要是体现在如何处理主要矛盾与次要矛盾以及局部与全局、当前与长远、机遇与挑战、目标与手段等辩证关系上。在这个意义上,战略思维就是治国理政的辩证思维,战略思维能力就是体现在治国理政中的辩证思维的实践智慧。习近平新时代中国特色社会主义思想的理论思维,实现了思维方式的辩证思维与治国理政的战略思维的高度统一,为解决我国改革发展基本问题提供了强大的理论思维。

中国特色社会主义进入新时代,我国社会主要矛盾是什么?这是关系全局的首要问题。习近平在党的十九大报告中明确提出:"我国社会主要矛盾已经转化为人民日益增长的美好生活需要和不平衡不充分的发展之间的矛盾。"这个重大判断,明确了改革发展的目标和使命,对治国理政提出了许多新要求,这就是:要在继续推动发展的基础上,着力解决好发展不平衡不充分问题,大力提升发展质量和效益,更好满足人民在经济、政治、文化、社会、生态等方面日益增长的需要,更好推动人的全面发展、社会全面进步。

辩证思维,说到底就是以矛盾的观点把握问题、分析问题和解决问题的理论思维。矛盾不是抽象的,而是具体的;把握、分析和解决矛盾,必须抓住矛盾的"联系的环节",形成具体的矛盾对立统一体。

习近平以辩证思维抓住构成矛盾的"联系的环节",提出并回答了一系列关于我国前途命运的重大问题,为正确处理改革发展稳定关系提供了深刻睿智的理论思维；在把握全面深化改革开放问题上，如何处理解放思想与实事求是的关系，"摸着石头过河"与顶层设计的关系，胆子要大与步子要稳的关系，目标导向与问题导向的关系，试点先行与全面推进的关系；在战略部署和领导艺术上，怎样做到统筹兼顾、综合平衡、突出重点、带动全局，以钉钉子精神抓好落实，确保各项重大改革措施落到实处。正是在处理改革发展基本问题的伟大实践中，深刻地体现了习近平高超的辩证思维和实践智慧。

（三）增强战略思维的实践智慧

理论思维能力突出地表现在战略思维上，集中地体现为战略思维的实践智慧。高屋建瓴，统观世事，见微知著，是辩证思维的实践智慧；高瞻远瞩，统揽全局，把握趋势，是战略思维的根本要求。以哲学思维的实践智慧增强战略分析能力，是掌握马克思主义的世界观和方法论的重大现实意义。

战略是为实现一定目标而进行的全局性、长远性谋划。战略思维是用全局性、长远性谋划以取得总体性、根本性的实践效果的思维方式。战略思维能力是综合决策能力和驾驭全局能力的基础，也是把握事物普遍联系的系统思维和把握事物发展趋势的创新思维的综合统一。在实际工作中，战略思维能力主要体现在能否处理好局部与全局、当前与长远、重点与非重点、机遇与挑战、目标与手段等辩证关系上。在这个意义上，战略思维能力就是唯物辩证法的实践智慧。

以战略思维处理局部与全局的关系。毛泽东说："因为懂得了全局性的东西，就更会使用局部性的东西，因为局部性的东西是隶属于全局性的东西的。"①邓小平也说："有些事从局部看可行，从大局看不可行；有些事从局部看不可行，从大局看可行。归根到底要顾全大局。"②指挥全局的人，最要紧的是以全局利益、整体利益、根本利益作为判断是非得失的根本标准，不可因小失大，不能本末倒置。习近平统观国际、国内大局，提出我们"不能犯颠覆性错误"，"不能留历史性遗憾"，这是我们的战略决策的根本性的立足点和出发点。

以战略思维处理当前和长远的关系。毛泽东曾经形象地指出："当桅杆顶刚刚露出的时候，就能看出这是要发展成为大量的普遍的东西，并能掌握住它，这才叫领导。""没有预见就没有领导，没有领导就没有胜利。因此，可以说没有预见就没有一切。"③面对纷繁复杂的形势，冲破思想观念束缚，突破利益固化藩篱，以战略思维谋发展，以战略定力迎挑战，就要以波浪式前进和螺旋式上升的事物发展规律去看待改革和发展，以辩证的否

---

① 毛泽东：《毛泽东选集》第一卷，人民出版社，1991，第175页。
② 邓小平：《邓小平文选》第二卷，人民出版社，1994，第82页。
③ 中共中央文献研究室编《毛泽东文集》第三卷，人民出版社，1996，第395页。

定观去推进改革和发展。

以战略思维处理重点和非重点关系。在众多矛盾中抓住主要矛盾，在矛盾着的双方中抓住矛盾的主要方面，统筹兼顾，重点突破，这是唯物辩证法的"两点论"的"重点论"。毛泽东说，指挥全局的人以至任何一级首长，都要"把自己注意的重心，放在那些对于他所指挥的全局说来最重要最有决定意义的问题或动作上"。如果"眉毛胡子一把抓"，就会捡了芝麻、丢了西瓜，乃至"一着不慎，满盘皆输"。

在战略思维中，最重要的是运用唯物辩证法"权衡利弊"，"审大小而图之，酌缓急而布之，连上下而通之，衡内外而施之"。社会发展中的均衡与非均衡、发展与再发展、进步与代价、效率与公平的矛盾，战略分析中的局部与全局、当前与长远、重点与非重点的矛盾，从根本上说，是"利"与"弊"的矛盾。"权衡利弊"，"两害相权取其轻"，这生动地体现了"两点论"和"重点论"在战略抉择中的辩证智慧。做任何事情都会有利有弊，只有利而无弊，只能是非现实的幻想。"事非经过不知难。"面对错综复杂的利弊得失的现实考量，任何的战略抉择，都要以"权衡利弊"为出发点，而以"两害相权取其轻"为行动的根据，对实践作出顺序性的选择和安排。

如何"权衡"，怎样"抉择"，这是战略思维的实质，也是对政治家的智慧和勇气的严峻考验。人民解放战争的关键时刻，毛泽东作出"宜将剩勇追穷寇，不可沽名学霸王"的战略决策；"文革"结束之后，邓小平作出"贫穷不是社会主义"，"发展才是硬道理"的战略决策。这些战略决策，解决了中国革命和建设中的关键时刻的根本性问题。面对错综复杂的国际斗争形势和国内深层次矛盾的凸显，所谓的"辩证智慧"，就是要坚持具体问题具体分析的辩证法的"活的灵魂"，就是要抓住"两点论"与"重点论"相统一的根本方法，就是要在"权衡利弊"中作出最为有利的战略抉择。在战略思维中"保持必要的张力"和"达到微妙的平衡"，这是辩证法的实践智慧，也是领导艺术的政治智慧。

制度优势的理论创新，需要我们不断提升发现问题和分析问题的理论思维能力，不断提高驾驭复杂局面处理复杂问题的本领，从而不断推进实践基础上的理论创新。在改革开放的进程中，我国社会的不同地区、不同行业、不同阶层、不同群体的各种利益关系十分复杂，随着改革的不断拓展和不断深化，对利益关系的触及也将越来越深，只有运用唯物辩证法的理论思维，善于驾驭和处理全局与局部、当前与长远、重点与非重点的复杂关系，才能在权衡利弊中趋利避害、在统筹协调中推进改革。这就要求我们在制度建设中突出改革的系统性和协同性，以辩证智慧做到"审大小而图之，酌缓急而布之，连上下而通之，衡内外而施之"。中国特色社会主义进入新时代，我国社会主要矛盾已经转化为人民日益增长的美好生活需要和不平衡不充分的发展之间的矛盾。人民对美好生活的需要日益广泛，不仅对物质生活提出了更高要求，而且在民主、法治、公平、正义、安全、环境等方面的要求日益增长，因而对制度建设提出更为广泛、更为深刻的要求。从理论上"概括出有规律的新实践"，准确地把握不同地区、不同行业、不同阶层、不同群体等各方利益的交汇点和结合点，使改革成果和制度建设更公平地惠及全体人民，这是制度优势的理论创新的重要的着力点。

制度优势的理论创新，特别需要增强战略思维的理论自觉，深化对顶层设计和统领全局的理论研究。问题导向的理论思维，它所指向的首要问题，是统揽全局的战略问题。习近平指出："战略问题是一个政党、一个国家的根本性问题。战略上判断得准确，战略上谋划得科学，战略上赢得主动，党和人民事业就大有希望。"[1]引领中华民族伟大复兴的理论思维，生动地体现在治国理政中的统揽全局的战略思维。"战略"是为实现一定目标而进行的全局性的、长远性的谋划；"战略思维"是用全局性、长远性的谋划以取得总体性、根本性的实践效果的理论思维；"战略思维能力"是综合决策、驾驭全局、赢得主动的理论思维能力。战略思维所指向的战略问题，主要包括根本性的战略目标问题、总体性的战略布局问题、长远性的战略步骤问题、阶段性的战略转变问题和方向性的战略诉求问题。战略问题首先是根本性的战略

---

[1] 习近平：《习近平谈治国理政》第二卷，外文出版社，2017，第10页。

四、生动地展现马克思主义真理力量

目标问题。党的十九大的主题是：不忘初心、牢记使命，高举中国特色社会主义伟大旗帜，决胜全面建成小康社会，夺取新时代中国特色社会主义伟大胜利，为实现中华民族伟大复兴的中国梦不懈奋斗。这个主题，就是习近平新时代中国特色社会主义思想所确立的引领中华民族伟大复兴的根本性战略目标。这个战略目标从根本上引领了我们党在新时代的战略布局、战略步骤和战略转变等战略上的谋划和决策，坚持统筹推进"五位一体"总体布局、协调推进"四个全面"战略布局，从全面建成小康社会到基本实现现代化，再到全面建成社会主义现代化强国。

战略目标的确立，战略布局、战略步骤和战略转变的谋划与实施，从根本上说，取决于方向性的战略诉求。方向决定前途，道路决定命运。"中国共产党人的初心和使命，就是为中国人民谋幸福，为中华民族谋复兴。"[①]"人民对美好生活的向往，就是我们的奋斗目标。"[②]人民性是马克思主义最鲜明的品格。中国共产党始终把人民立场作为根本立场，把为人民谋幸福作为根本使命，把全心全意为人民服务作为根本宗旨，团结带领人民共同创造历史伟业。为中国人民谋幸福的战略诉求，决定了实现中华民族伟大复兴的战略目标；实现中华民族伟大复兴的战略目标，体现了为中国人民谋幸福的战略诉求。方向性的战略诉求与根本性

---

① 习近平：《决胜全面建成小康社会 夺取新时代中国特色社会主义伟大胜利——在中国共产党第十九次全国代表大会上的报告》，人民出版社，2017，第1页。

② 习近平：《习近平谈治国理政》，外文出版社，2014，第4页。

的战略目标的高度统一，展现了习近平新时代中国特色社会主义思想的强大的真理力量和道义力量，引领了坚持和完善中国特色社会主义制度、推进国家治理体系和治理能力现代化的方向。中国共产党人的战略思维，必须始终牢牢地把握住这个根本方向。

（四）夯实制度自信的理论根基

理论的基本功能是规范和引导人们的思想和行为。任何国家制度和国家治理体系都有自己的理论依据和理论支撑。作为中华人民共和国的最主要的缔造者，毛泽东明确指出："领导我们事业的核心力量是中国共产党，指导我们思想的理论基础是马克思列宁主义。"[①]这十分清楚地表明，马克思主义是中华人民共和国的国家制度和国家治理体系的最坚实的理论基础；坚持和完善中国特色社会主义制度、推进国家治理体系和治理能力现代化，首先必须明确和坚持这个"指导我们思想的理论基础"。

作为中国特色社会主义制度和国家治理体系的理论基础，马克思主义揭示的人类社会发展规律是社会主义制度的最深层的理论根基，马克思主义的人民实现自身解放的思想体系是社会主义制度的最根本的核心理念，马克思主义指引的人民改造世界的行

---

① 中共中央文献研究室编《毛泽东文集》第六卷，人民出版社，1999，第350页。

动是社会主义制度的最基本的实践过程,马克思主义具有的不断发展的开放的理论品质是坚持和完善中国特色社会主义制度的最重要的理论源泉。制度优势的理论支撑、理论自信和理论创新,奠基于马克思主义的理论根基上。

制度问题,说到底是"为谁"的问题;制度的理论根基问题,说到底是"为谁"的理论问题。"马克思主义是人民的理论。"在《共产党宣言》中,马克思恩格斯就明确地指出:"过去的一切运动都是少数人的,或者为少数人谋利益的运动。无产阶级的运动是绝大多数人的,为绝大多数人谋利益的独立的运动。"[1]因此,马克思恩格斯为共产党人提出"实践"和"理论"两个方面的历史任务:"在实践方面,共产党人是各国工人政党中最坚决的、始终起推动作用的部分;在理论方面,他们胜过其余无产阶级群众的地方在于他们了解无产阶级运动的条件、进程和一般结果。"[2]正是在为"无产阶级运动的条件、进程和一般结果"作出"理论方面"的论证中,马克思、恩格斯不仅深刻地阐述了代替资本主义制度的社会主义制度的"人民性",而且深刻地指明了社会主义的发展方向:"代替那存在着阶级和阶级对立的资产阶级旧社会的,将是这样一个联合体,在那里,每个人的自由发展是一切人的自

---

[1] 中共中央马克思恩格斯列宁斯大林著作编译局编译《马克思恩格斯选集》第1卷,人民出版社,2012,第411页。
[2] 中共中央马克思恩格斯列宁斯大林著作编译局编译《马克思恩格斯选集》第1卷,人民出版社,2012,第413页。

由发展的条件。"①习近平一再强调地指出:"人民对美好生活的向往,就是我们的奋斗目标。"②坚持人民主体地位,这是马克思主义的"人民的理论"对我们的制度优势的最坚实的理论支撑。

中国特色社会主义制度是党和人民在长期实践探索中形成的科学制度体系。以毛泽东为主要代表的中国共产党人,把马克思列宁主义基本原理同中国革命具体实践结合起来,创立了毛泽东思想,团结带领全党全国各族人民,经过长期浴血奋斗,完成了新民主主义革命,建立了中华人民共和国,确立了社会主义基本制度,成功实现了中国历史上最深刻最伟大的社会变革,为当代中国一切发展进步奠定了根本政治前提和制度基础。党的十一届三中全会以后,以邓小平为主要代表的中国共产党人,作出把党和国家工作中心转移到经济建设上来,实行改革开放的历史性决策,深刻揭示社会主义本质,科学回答了建设中国特色社会主义的一系列基本问题。党的十八大以来,以习近平同志为核心的党中央,深刻回答了新时代坚持和发展什么样的中国特色社会主义、怎样坚持和发展中国特色社会主义这个重大时代课题,形成了习近平新时代中国特色社会主义思想,并在这一思想指引下坚持和完善中国特色社会主义制度、推进国家治理体系和治理能力现代化。实践证明,中国特色社会主义制度和国家治理体系是以马克思主义为指导、植根中国大地、具有深厚中华文化根基、深

---

① 中共中央马克思恩格斯列宁斯大林著作编译局编译《马克思恩格斯选集》第 1 卷,人民出版社,2012,第 422 页。

② 习近平:《习近平谈治国理政》,外文出版社,2014,第 4 页。

得人民拥护的制度和治理体系，是具有强大生命力和巨大优越性的制度和治理体系，是能够持续推动中华民族伟大复兴的制度和治理体系。

中国之治的制度优势，从根本上说，是因为中国特色社会主义制度建立在对马克思主义所揭示的社会发展规律的深刻把握和具体运用之上，建立在对我国社会发展阶段的清醒认识和经验总结之上，建立在理论创新、实践创新、制度创新相统一的基础之上，建立在实现中华民族伟大复兴和实现人的全面发展的社会理想和价值目标之上。制度优势的理论自信，就在于中国特色社会主义制度建立在真理与价值相统一的制高点上。

制度优势的理论自信，其根基是对科学社会主义的自信。国家学说是科学社会主义的重要内容，马克思恩格斯深刻地论证了国家的起源、职能、实质和消亡问题，列宁将科学社会主义由理论变为实践，建立了世界上第一个社会主义国家，毛泽东从中国实际出发创造性地提出社会主义社会的矛盾学说，在理论和实践上拓展和深化了马克思主义的国家理论。党的十九届四中全会通过的《中共中央关于坚持和完善中国特色社会主义制度 推进国家治理体系和治理能力现代化若干重大问题的决定》，明确提出我国国家制度和国家治理体系具有的多方面显著优势。这些显著优势，是我们坚定中国特色社会主义道路自信、理论自信、制度自信、文化自信的基本依据。

制度优势的理论自信，奠基于中国特色社会主义制度和国家治理体系发展的历史性成就和显著优势。习近平指出:"在人类文明发展史上,除了中国特色社会主义制度和国家治理体系外,没有任何一种国家制度和国家治理体系能够在这样短的历史时期内创造出我国取得的经济快速发展、社会长期稳定这样的奇迹。"①中国特色社会主义进入新时代,不仅迎来了中华民族从站起来、富起来到强起来的伟大飞跃,而且使科学社会主义在21世纪的中国焕发出强大生机活力,在世界上高高举起了中国特色社会主义伟大旗帜,并且以中国特色社会主义道路、理论、制度、文化的不断发展,为解决人类问题贡献了中国智慧和中国方案。制度优势的理论自信,奠基于以中国特色社会主义理论为指导思想的中国特色社会主义的伟大实践及其创造的中国奇迹。

(五)强化理想信念的理论支撑

马克思主义哲学是科学的世界观和方法论,是认识世界、改造世界的根本指南,是坚定理想信念的基石。我们对马克思主义理论宗旨的"信仰",我们对中国特色社会主义伟大实践的"信心",我们对马克思主义转化为人民自觉追求的"信念",根本在于我们对马克思主义基本原理的"信服"。只有"信服"马克思主

---

① 习近平:《坚持和完善中国特色社会主义制度 推进国家治理体系和治理能力现代化》,《求是》,2020年第1期,第9—10页。

义，真正掌握马克思主义基本原理这个"看家本领"，用理论支撑我们的理想信念，我们的理想信念才是稳固的、坚定的。

理想是人们对未来美好生活的向往、追求以及由此确定的坚定不移的信念和信仰。信仰是人类特有的精神现象和精神状态，是人们关于最高价值的信念，是人们作出价值判断和行为选择的最根本的依据。当代美国学者宾克莱在《理想的冲突》一书中提出："一个人在对他能够委身的价值进行探索时，要遇到许多竞相争取他信从的理想，他若要使这种探索得到满足，就必须对各种理想有所了解。"[①]马克思主义把人类奋斗的最高理想定位为人类的解放和人的全面发展，并把这个最高理想奠基于人类社会的发展规律之上，奠基于人类解放的现实道路之上。马克思主义的社会理想，是值得我们信仰和追求的理想。

坚持共产主义远大理想，就要坚持中国特色社会主义共同理想。共产主义的远大理想是我们的最高理想，实现这一远大理想需要通过一代又一代人的努力奋斗。在当代中国，坚持共产主义理想，就要坚持和发展中国特色社会主义共同理想。实现现代化是近代以来中国人民的不懈追求，实现中华民族伟大复兴是近代以来中华民族的伟大梦想；社会主义现代化是中华民族伟大复兴的核心内容，中华民族伟大复兴是社会主义现代化的目标追求。实践证明，中国的现代化只有沿着中国特色社会主义道路才能行

---

① 宾克莱：《理想的冲突》，商务印书馆，马元德、陈白澄、王太庆等译，1983，第6页。

得通、走得好，中国特色社会主义只有坚持现代化的奋斗目标才能更好地坚持和发展。坚持中国特色社会主义共同理想，就一定会实现人类解放和人的全面发展的共产主义理想。在实现中国梦的生动实践中放飞理想，在为人民谋幸福的不懈奋斗中谱写人生华章，这应当是我们的无愧无悔的人生追求。

"理论在一个国家实现的程度，总是取决于理论满足这个国家的需要的程度。"①马克思主义的生命力，就在于它满足我们建设中国特色社会主义的需要。对中国特色社会主义的伟大实践树立起更加坚定的信心，对源于这个伟大实践的中国特色社会主义理论树立起更加坚定的信心，就必须做到三点：一是理直气壮，二是有理有据，三是言行一致。首先是理直气壮，而不是遮遮掩掩。马克思主义是为人民谋幸福的理论，是指导我们思想的理论基础，为什么要遮遮掩掩，为什么不能理直气壮？其次是有理有据，而不是含糊其词。"理论只要说服人[ad hominem]，就能掌握群众；而理论只要彻底，就能说服人[ad hominem]。"②以理服人，就要真讲道理；真讲道理，就要真把道理搞明白，就要把掌握马克思主义基本原理当成"看家本领"。"有理"才能"讲理"，"讲理"才能"服人"。要理直气壮，以理服人，最重要的是言行一致。如果一个人说的是一套，做的是另一套，会上讲为人民谋

---

① 中共中央马克思恩格斯列宁斯大林著作编译局编译《马克思恩格斯选集》第1卷，人民出版社，2012，第11页。
② 中共中央马克思恩格斯列宁斯大林著作编译局编译《马克思恩格斯选集》第1卷，人民出版社，2012，第9—10页。

利益，会下干的是捞取私利，人们怎么会相信你讲的道理？理直气壮，有理有据，根子在言行一致。

用理论支撑自己的理想信念，在实践中体现自己的理想信念，有两点是最为重要的：一是"非不能也，是不为也"；二是"非不为也，是不能也"。前一句是"人管自己"，后一句是"制度管人"。"非不能也，是不为也"，就是我能做的但是我不做。手中有权，但不谋私利；手中有钱，但不奢侈挥霍；知道"潜规则"，但不随波逐流；看到"阴暗面"，但不自暴自弃。这就叫作"非不能也，是不为也"。为什么能为而不为？因为不屑于这样做，耻于这样做，这就是理想信念在实践中的体现。为什么能在实践中坚守理想信念？这就是形成了正确的世界观、人生观、价值观。"非不为也，是不能也"，就是想做但不敢做，要做但做不成，这就叫"制度管人"。人是需要约束的，权力尤其是必须受到约束的，不受约束的权力势必腐败。这就必须形成不敢腐的惩戒机制、不能腐的防范机制、不易腐的保障机制。"人管自己"和"制度管人"是相辅相成的。

现在经常讲不越过"底线"。这是要求我们不仅要有"底线意识"，而且要有"崇高意识"。中国有句古话，"取法乎上，仅得其中"。毛泽东一再强调"人是要有一点精神的"。这个"精神"，最重要的就是坚定的理想信念。没有理想信念，"取法乎下"，就会为所欲为，就会越过"底线"。怎么才能不越过"底线"？这不仅需要"制度管人"，而且要"人管自己"。"国无德不兴，人无德不立。"学习掌握"看家本领",就要用马克思主义改造我们的世界观、人生观、价值观,为理念信念奠定坚实的理论支撑。

坚持实事求是,坚定理想信念,就要解放思想、与时俱进。这就要冲破落后的传统观念和主观偏见的束缚,就要改变满足现状、因循守旧的精神状态,就要研究新的情况、学习新的知识、解决新的问题。恩格斯说:"每一个时代的理论思维,包括我们时代的理论思维,都是一种历史的产物,它在不同的时代具有完全不同的形式,同时具有完全不同的内容。"①马克思主义哲学要求我们坚持从实践到认识、从认识到实践的无限发展的认识路线,不断地变革我们的理论思维,实现主观与客观的历史的统一。马克思主义的理论思维,深刻地改变了以素朴实在论为代表的直观反映论的思维方式,改变了以机械决定论为代表的线性因果论的思维方式,改变了以抽象实体论为代表的本质还原论的思维方式,为我们提供了观察、分析和解决复杂的现实问题的"马克思主义哲学智慧"。在面对具有许多新的历史特点的伟大斗争中,观大势、谋大局、抓大事,就必须深入学习掌握"看家本领",不断提高理论思维水平和战略思维分析能力,以创新实践不断推进中国特色社会主义伟大事业。

---

① 中共中央马克思恩格斯列宁斯大林著作编译局编译《马克思恩格斯选集》第3卷,人民出版社,2012,第873页。

五、把读经典、悟原理当作生活习惯和精神追求

真学、真懂、真信、真用马克思主义，就要把马克思主义"内化于心""外化于行"。习近平一再强调指出，"领导干部应该把学习作为一种追求、一种爱好、一种健康的生活方式，做到好学乐学"[①]；"共产党人要把读马克思主义经典、悟马克思主义原理当作一种生活习惯、当作一种精神追求，用经典涵养正气、淬炼思想、升华境界、指导实践"[②]；"我们的干部要上进，我们的党要上进，我们的国家要上进，我们的民族要上进，就必须大兴学习之风，坚持学习、学习、再学习，坚持实践、实践、再实践"[③]。我们要在把读经典、悟原理当作生活习惯和精神追求的过程中，用马克思主义激发我们的思想活力、启迪我们的哲理智慧、滋养我们的浩然正气，提升我们的治国理政能力，"让马克思、恩格斯设想的人类社会美好前景不断在中国大地上生动展现出来"[④]。

---

① 习近平：《习近平谈治国理政》，外文出版社，2014，第406页。
② 习近平：《在纪念马克思诞辰200周年大会上的讲话》，人民出版社，2018，第26页。
③ 习近平：《习近平谈治国理政》，外文出版社，2014，第407页。
④ 习近平：《在纪念马克思诞辰200周年大会上的讲话》，人民出版社，2018，第28页。

(一) 用马克思主义激发思想活力

我国新时期改革开放的过程，是解放思想、创新实践的过程。坚定不移地继续解放思想，不仅要从束缚思想的各种陈旧观念中解放出来，而且要从脱离实际、因循守旧和无所作为的世界观中解放出来。解放思想，从根本上说，是世界观的变革；只有变革世界观，才能坚定不移地继续解放思想。

世界观是人们在自己的实践活动和历史发展中所形成的关于世界的根本观点，它本身是历史的而不是非历史的，是发展的而不是僵化的。世界观是具有时代内涵的关于世界的根本观点。它为人们认识世界提供具有时代内涵的总的概念框架，也为人们评价世界提供具有时代内涵的总的意义框架，从而为人们变革世界提供具有时代内涵的总的世界图景及其解释原则。

马克思主义的科学世界观，不只是承认"物质第一性"的世界观，而是以此为基础的从实际出发、实事求是的世界观；不只是承认"绝对运动"的世界观，而是以此为基础的冲破狭隘偏见、与时俱进的世界观；不只是承认"能动反映"的世界观，而是以此为基础的创新实践、变革世界的世界观。解放思想，实事求是，与时俱进，开拓进取，这不只是马克思主义世界观的应有之义，而且是马克思主义世界观的真实意义。这正如恩格斯所指出的：

"我们的理论是发展着的理论,而不是必须背得烂熟并机械地加以重复的教条。"①只有在解放思想的过程中变革世界观,才能深刻理解和正确把握变化中的世界和变革中的中国,才能真正做到实事求是。

当今世界正在发生广泛而深刻的变化,当代中国正在发生广泛而深刻的变革。变化中的世界和变革中的中国,是我们生活于其中的最大的实际,也是我们必须面对的最大的实际。背离这个最大的实际,就是背离实事求是的思想路线;面对这个最大的实际,首先就要解放思想。解放思想,就是使思想与实际相符合,使主观与客观相符合,就是实事求是。因此,在世界观变革的意义上,解放思想就是变革思想与实际相割裂、主观与客观相背离的世界观,也就是确立实事求是的世界观,即坚持马克思主义的科学世界观。

改革开放的历史性起点,是1978年党的十一届三中全会确立的解放思想、实事求是的思想路线。这一思想路线的哲学基础,是把实践确立为检验认识的真理性的唯一标准;这一思想路线的现实意义,是把人们的思想从"两个凡是"的思想禁锢中解放出来,为建设中国特色社会主义开辟道路。"两个凡是"的实质是把思想作为实践的根据和标准,即:凡是符合某种思想的行为就是不容置疑和不可变易的;凡是不符合某种思想的行为就是离经

---

① 中共中央马克思恩格斯列宁斯大林著作编译局编译《马克思恩格斯选集》第4卷,人民出版社,2012,第588页。

叛道和必须否定的。这就完全颠倒了理论与实践的真实关系，彻底背离了实事求是的唯物主义基础，根本阉割了马克思主义的科学世界观。冲破"两个凡是"的思想禁锢，重新确立检验真理的实践标准，这本身就是一场变革世界观的思想解放。它要求我们变革思想脱离实际、主观背离客观的世界观，树立马克思主义的实事求是的世界观。

确立实事求是的世界观，必须坚定不移地解放思想。所谓"实事"即"客观存在的事物"，不仅有片面的实际与全面的实际之分，而且有过去的实际与现实的实际之分，特别是有表面的实际与深层的实际之分。人们的存在就是"现实的生活过程"。全面的实际、现实的实际、深层的实际，既不是某些孤立的现象，也不是现象形态的总和，而是由人们的"现实的生活过程"所形成的时代的潮流、创新的实践和历史的规律。要使思想与全面的、现实的、深层的实际相符合，就必须面向"现实的生活过程"，就必须解放思想。

解放思想需要大气，需要面对当今世界和当代中国的最大的实际。这个最大的实际，主要可以概括为两个方面：一是以和平和发展为主题的时代潮流，二是以改革开放为主题的我国人民的波澜壮阔的创新实践。思想与实际相符合，主观与客观相符合，最重要的，就是思想与时代潮流和创新实践相符合；与此相反，思想与时代特征和创新实践相割裂，就是思想与实际、主观与客观的相背离。要实现思想与时代特征和创新实践相符合，真正做到实事求是,就必须坚定不移地解放思想,变革脱离当今世界和当代中国的实际的世界观。

世界观,首先要有"世界"之观、"时代"之观;实事求是的世界观,首先是直面"世界"和"时代"的世界观,是反映时代特征和世界潮流的世界观。近一百多年来,我们所生活的"世界"和"时代",其变化的剧烈和深刻,达到了前人难以想象的程度。当今世界正处于大变革大调整之中,世界多极化趋势不可逆转,经济全球化深入发展,科技革命加速推进,我们生活于其中的世界已经远不是一百年前甚至是几十年前的世界。

对于今天的时代巨变,可以概括为三句话:人类文明形态的变革、人们存在方式的变革和人们思想观念的变革。一是人类文明形态的变革。人类已经从农业文明过渡为工业文明,又进入所谓后工业文明。不管我们把这个后工业文明叫作信息时代也好,叫作知识经济时代也好,它都标志着人类文明形态的变革。按照马克思的说法,划分一个时代,不在于它"生产什么",而在于它"用什么进行生产"。20世纪50年代以来的科学发现和技术发明,已经超过了此前几千年的总和。科学技术这个"第一生产力"已经从根本上改变了人类的文明形态和人自身的存在方式。二是人们存在方式的变革。按照马克思的说法,从非市场经济转向市场经济,不是一般性的变化,而是人的存在方式的全面变化。这是从人对人的依附性的存在,转向"以物的依赖性为基础的人的独立性"的存在。简洁地说,是从人的依附性的存在转变成独立性的存在。从几千年来的自然经济转向市场经济，这是从经济生活的禁欲主义到经济生活的追求现实幸福的转变，从精神生活的蒙昧主义到精神生活的理性自由的转变，从政治生活的专制主义到政治生活的民主法治的转变。经济全球化和科学技术的发展深刻地变革着社会生活的内容和形式，人们的工作方式、学习方式、消费方式、娱乐方式、交往方式正在发生全方位的变化，日常经验科学化、日常消遣文化化、日常交往社交化、日常行为法治化、农村生活城市化，成为现代社会生活的主要特征。这是人的存在方式的根本变化。三是人们思想观念的变革。社会存在决定社会意识。社会生活的空前变革，必然引起社会意识的重大变化。经济全球化和现代科技不仅促进了社会的组织方式和人们的交往方式的变革，压缩了社会的时空，拉近了交往的距离，增强了社会的组织化程度，而且极大地提高了教育的普及程度，变革了文化的传播方式，形成了丰富多彩的大众文化。影视产业、音像制品、网络游戏、时尚消费等，使人们获得了全新的生活体验，改变了人们的思维方式、价值观念和审美情趣，从而使人们的思想观念形成了空前的多样性、开放性和现代性。

当今世界的深刻变革，使人类的生存与发展面临新的机遇与挑战。从历史的大尺度看，以市场经济取代自然经济的过程，就是现代化的过程，也就是从传统社会转变为现代社会的过程。因此，"现代化"深切地体现了市场经济的内在矛盾，深层地决定了现代人的社会生活和思想观念的内在矛盾。现代化，既是一个前所未有的、迅猛发展的自然人化过程，也就是以现代的科学技术改造自然的过程，又是一个前所未有的、急速实现的个体社会化过程，也就是以等价交换的原则实现人的全部社会关系的过程。由此，在现代化的进程中便愈益明显地凸现了两个方面的尖锐矛盾：一是现代科学技术的迅猛发展与日益严峻的全球问题的矛盾，二是人的生存方式的现代化与人的物化状态的矛盾。现代化所实现的空前的自然人化过程，为人类的生存和发展创造了前所未有的物质财富，但同时又造成了包括人口膨胀、环境污染、生态失衡、粮食紧张、能源危机以及核战争威胁等在内的"全球问题"。而市场经济所实现的"以物的依赖性为基础的人的独立性"，既挺立了个人的主体性和独立性，增强了人的主体自我意识，形成了人的自我实现的某种条件，又造成了"抹去一切职业的灵光"，"把一切都沉浸到金钱的冰水当中去"的生存状态，也就是使人"物化"的生存状态。马尔库塞说："发达工业文明的内在矛盾正在于此：其不合理成分存在于其合理性中。"[1]这就是当代的人与自然、人与社会的双重性矛盾所构成的"现代化问题"。面向现代化，面向世界，面向未来，就必须面向今天这个"世界"和"时代"的最大的"实际"，并从这个最大的"实际"出发去形成我们的世界意识和战略意识。

在世界历史的进程中，我国的前途命运日益紧密地与世界的

---

[1] 马尔库塞：《单向度的人》，刘继译，上海译文出版社，1989，第17页。

前途命运联系在一起,世界的变化对我国的影响比以往任何时候都更为直接而广泛。世界意识和战略意识,要求我们必须坚定不移地继续解放思想,真正树立以变化中的世界为内容的世界观。同时,反映时代特征和世界潮流的世界观,必须是反映我国人民波澜壮阔的伟大实践的世界观。

变化中的世界和变革中的中国,是今天的最真实的"实际",是我们必须准确把握和深切理解的"实际"。人们的世界观是不能"以不变应万变"的。解放思想,从根本上说,就是从那种"以不变应万变"的世界观中解放出来,真正使思想与时代特征、世界潮流和创新实践相符合,从而以变革的世界观去面对变化中的世界和变革中的中国。

(二)用马克思主义启迪哲理智慧

世界观作为方法论,它是人们把握世界的根本的思维方式。变革世界观就是要变革思维方式。恩格斯指出,作为哲学世界观或理论思维方式的形而上学,其实质是"在绝对不相容的对立中思维",它的思维公式是:"是就是,不是就不是;除此以外,都是鬼话。"[①]解放思想的重要任务,是从这种"在绝对不相容的对

---

① 中共中央马克思恩格斯列宁斯大林著作编译局编译《马克思恩格斯选集》第3卷,人民出版社,2012,第396页。

立中思维"的形而上学的思维方式中解放出来,也就是从非此即彼、两极对立的思维方式中解放出来。

在变革世界观的意义上,我们应当追问:为什么这种"在绝对不相容的对立中思维"的形而上学思维方式会在人的思维中占据牢固的地位?恩格斯的回答是:"初看起来,这种思维方式对我们来说似乎是极为可信的,因为它是合乎所谓常识的。"①这是需要我们在解放思想的进程中深长思之的。

常识是人类世世代代的经验的产物,是人类在最实际的水平上和最广泛的基础上对人类生存的自然环境、社会环境和一般文化环境的适应。人们的经验世界在常识中得到最广泛的相互理解,人们的思想感情在常识中得到最普遍的相互沟通,人们的行为方式在常识中得到最直接的相互协调,人们的内心世界在常识中得到最便捷的自我认同。常识为每个健全的正常人所普遍认同,并为人们的生存和发展提供最具普遍性的世界图景、思维方式和价值观念,因而是规范人的思想与行为的最普遍的"前提"。然而,常识的最本质的特性是它的经验性。"常识在日常应用的范围内虽然是极可尊敬的东西,但它一跨入广阔的研究领域,就会碰到极为惊人的变故。"②依附于经验的常识具有零散性、狭隘性、极端性和保守性等特征,以常识为内容的世界观缺乏理论的

---

① 中共中央马克思恩格斯列宁斯大林著作编译局编译《马克思恩格斯选集》第3卷,人民出版社,2012,第396页。
② 中共中央马克思恩格斯列宁斯大林著作编译局编译《马克思恩格斯选集》第3卷,人民出版社,2012,第791页。

完整性、系统性、前瞻性、坚定性和可批判性。这种以经验为内容的常识的世界观，是人们构成思想的最普遍的思想前提，是全部习惯势力的最坚实的思想基础。从这种思想前提出发，人们的思想便总是囿于既定的经验所形成的习惯势力，在世界观意义上形成因循守旧的思想观念。解放思想，它所面对的经常任务，就是从这种因循守旧的世界观中解放出来。

常识的思维方式，是形成于常识的生活方式并适用于常识的生活方式的思维方式。常识的生活方式要求人们在思维活动中保持对事物的简单化的"是"与"否"的断定，对行为的简单化的"善"与"恶"的断定。由此而形成的常识的思维方式，其实质就在于"是就是，不是就不是"。这种常识思维方式的哲学表达就是形而上学的思维方式——"在绝对不相容的对立中思维"。

"在绝对不相容的对立中思维"，就会把极为复杂的现实问题简单化、抽象化和庸俗化，并往往把必须纳入"广阔的研究领域"的现实问题归结为抽象的政治判断或同样抽象的道德判断。这种判断既缺乏深厚的历史感，也缺乏真正的现实感。例如，究竟如何看待和评价当代中国的改革开放？其中的一个重大的理论问题，是历史的发展形式的问题。人类历史的一个突出特征在于，"片面性"是它的发展形式，即历史总是以某种"退步"的形式而实现自身的"进步"。历史过程中的任何进步都要付出相应的"代价"，任何"正面效应"都会伴生相应的"负面效应"，具体言之，任何"整体利益"的实现总是包含某些"局部利益"的牺牲，任何"长远利益"的追求总要舍弃某些"暂时利益"，为了"全面"发展就要遏止"片面"发展，为了"协调"发展就要限制"畸形"发展，为了"可持续"发展就要反对"竭泽而渔"。如果以两极对立的思维方式去看待改革开放的历史进程中所出现的种种矛盾，用非此即彼的思维方式简单化、抽象化，甚至庸俗化地评判改革开放的历史进程中所采取的各种举措，又如何正确处理"整体利益"与"局部利益"、"长远利益"与"暂时利益"、"全面发展"与"片面发展"的辩证关系呢？

马克思说："人类始终只提出自己能够解决的任务，因为只要仔细考察就可以发现，任务本身，只有在解决它的物质条件已经存在或者至少是在生成过程中的时候，才会产生。"[①]建设中国特色社会主义的伟大实践是前无古人的，我们是"摸着石头过河"的。在改革开放之初，我们对"发展"的要求，首先必须是"加速发展"，包括"效率优先、兼顾公平"等思路的形成具有其历史的合理性。正是在"加速发展"的过程中，我们不仅为"又好又快"地发展奠定了坚实的物质基础，而且为形成新发展理念奠定了坚实的思想基础。发展是解决我国一切问题的基础和关键。发展理念是发展行动的先导，是发展思路、发展方向、发展着力点的集中体现。发展理念是否对头，从根本上决定着发展成效乃至成败。习近平指出："发展必须是科学发展，必须坚定不移贯彻创新、协调、绿色、开放、共享的发展理念。"[②]新发展理念是在深

---

① 中共中央马克思恩格斯列宁斯大林著作编译局编译《马克思恩格斯选集》第2卷，人民出版社，2012，第3页。
② 中共中央宣传部：《习近平新时代中国特色社会主义思想学习纲要》，学习出版社、人民出版社，2019，第109页。

刻总结国内外发展经验教训、深刻分析国内外发展大势的基础上形成的，是针对我国发展中的突出矛盾和问题提出来的。坚持新发展理念，是关系我国发展全局的一场深刻变革。新发展理念具有很强的战略性、纲领性、引领性，必须把新发展理念作为指挥棒、红绿灯，对不适应、不适合，甚至违背新发展理念的认识要立即调整，行为要坚决纠正，真正做到崇尚创新、注重协调、倡导绿色、厚植开放、推进共享。

从两极对立的思维方式中解放出来，还要求我们更为深刻地理解理论与实践的辩证关系。理论不仅是"指导"实践的，也是"反驳"实践的，即：理论不仅规范和引导人们"做什么"，而且规范和引导人们"不做什么"。人们总是以某种理论、观念去观察现实，并用这种理论、观念规范自己所要解决的问题，以及解决问题的途径与方式。马克思说："光是思想力求成为现实是不够的，现实本身应当力求趋向思想。"[1]"新时代新阶段的发展必须贯彻新发展理念，必须是高质量发展。当前，我国社会主要矛盾已经转化为人民日益增长的美好生活需要和不平衡不充分的发展之间的矛盾，发展中的矛盾和问题集中体现在发展质量上。这就要求我们必须把发展质量问题摆在更为突出的位置，着力提升发展质量和效益。"[2]

---

[1] 中共中央马克思恩格斯列宁斯大林著作编译局编译《马克思恩格斯选集》第1卷，人民出版社，2012，第11页。

[2] 本书编写组：《〈中共中央关于制定国民经济和社会发展第十四个五年规划和二〇三五年远景目标的建议〉辅导读本》，人民出版社，2020，第69页。

（三）用马克思主义滋养浩然正气

解放思想是一种精神状态。它要求人们不仅要从两极对立的思维方式中解放出来，从唯上唯书的研究方式中解放出来，从刻板僵化的话语方式中解放出来，而且必须从无所作为的精神状态中解放出来。

人们的"现实的生活过程"是与时俱进的，世界历史的发展是日新月异的，主观与客观的统一只能是具体的、历史的统一，而永远不会达到终极的、绝对的统一。主观与客观相符合，只能是在坚定不移地继续解放思想中实现；离开坚定不移地继续解放思想，就会造成主观与客观的相背离。只有直面现实，保持顽强的学习意识和强烈的忧患意识，才能自觉地、坚定不移地继续解放思想，思考新情况，研究新问题，不为任何风险所惧，不被任何干扰所惑，使我们的世界观与发展的世界相符合。

变革两极对立的形而上学的世界观，需要我们树立科学的世界观，形成与时俱进的科学精神。科学作为人类把握世界的一种基本方式，是人类运用科学的思维方式和科学的概念体系去构筑科学的世界图景的方式。科学发展过程中所编织的科学概念和科学范畴之网，构成了愈来愈深刻的科学世界图景，也构成了人类认识世界的愈来愈坚实的"阶梯"和"支撑点"。现代科学既改变了我们的世界图景，也改变了我们的思维方式。这包括：现代科学已经深刻地变革了以素朴实在论为代表的直观反映论的思维方式，变革了以机械决定论为代表的线性因果论的思维方式，变革了以抽象实体论为代表的本质还原论的思维方式。按照有些学者的概括，"在人类科学发展的进程中，经历了三次大的科学革命，这三次科学革命同时带来了人类科学世界图景和科学思维方式上的三次大的变革。这就是人类的科学世界图景从实体实在论过渡到场能实在论，再过渡到信息系统复杂综合论；而人类科学思维方式相应地从传统的实体思维过渡到能量思维，再过渡到信息思维"①。系统的观念、复杂的观念和综合的观念，促使我们在"广阔的研究领域"超越"在绝对不相容的对立中思维"，真正以辩证法的思维方式去观察和分析"活生生"的现实生活，真正使我们的思想与改革开放的创新实践相符合。世界观和思维方式的变革，是解放思想的重要内容，也是解放思想的重要动力。

恩格斯说："科学越是毫无顾忌和大公无私，它就越符合工人的利益和愿望。"②坚定不移地继续解放思想，就必须具备这种"大公无私"和"毫无顾忌"的思想勇气和理论勇气，就必须具备

---

① 邬焜，李佩琼：《科学革命：科学世界图景和科学思维方式的变革》，《中国人民大学学报》，2008年第3期。
② 中共中央马克思恩格斯列宁斯大林著作编译局编译《马克思恩格斯选集》第4卷，人民出版社，2012，第265页。

"咬定青山不放松"的顽强拼搏的精神状态。

在坚定不移地继续解放思想和改革开放的进程中，我们不仅必须关注"脚下"，还必须仰望"星空"，瞩目于人的精神生活和人的全面发展。当今时代，文化越来越成为民族凝聚力和创造力的重要源泉、越来越成为综合国力竞争的重要因素，丰富精神文化生活越来越成为我国人民的热切愿望。要坚持社会主义先进文化前进方向，兴起社会主义文化建设新高潮，激发全民族文化创造活力，提高国家文化软实力，使人民基本文化权益得到更好保障，使社会文化生活更加丰富多彩，使人民精神风貌更加昂扬向上。建设社会主义核心价值体系，增强社会主义意识形态的吸引力和凝聚力，这不仅必须深入研究和深刻阐述社会主义核心价值体系，而且必须在增强对人民的"吸引力"和"凝聚力"上下大功夫，在提高人民的幸福感和满意度上用大气力。针对那种"耻言理想，躲避崇高，拒斥传统，不要规则"的社会思潮，让社会主义意识形态具有吸引力和凝聚力，就必须坚定不移地继续解放思想，在思想创新、理论创新的进程中，引导人们追求理想、向往崇高、发扬传统，并使之成为规范人的思想和行为的最基本的"规则"——世界观、人生观和价值观。这是建设中华民族共有精神家园的根本之所在，也是变革无所作为的精神状态、在改革开放中创新实践的根本之所在。

(四)用马克思主义提升执政能力

从建党的开天辟地,到新中国成立的改天换地,到改革开放的翻天覆地,再到党的十八大以来党和国家事业取得历史性成就、发生历史性变革,根本原因就在于我们党始终坚守了为中国人民谋幸福、为中华民族谋复兴的初心和使命。我们党要始终做到不忘初心、牢记使命,把党和人民事业长长久久推进下去,就必须用马克思主义提升我们的治国理政能力。

提升我们的治国理政能力,首先必须增强政治意识,善于从政治上看问题,善于把握政治大局,不断提高政治判断力、政治领悟力、政治执行力。旗帜鲜明讲政治,是我们党最突出的特征和优势。党领导人民治国理政,最重要的就是坚持正确政治方向,始终保持我们党的政治本色,始终沿着中国特色社会主义道路前进。

掌握马克思主义这个"看家本领",用马克思主义提升我们的治国理政能力,首要的就是不断地提高政治判断力、政治领悟力、政治执行力。讲政治必须提高政治判断力。我们党领导人民进行革命、建设、改革的历史进程反复证明了一个道理:政治上的主动是最有利的主动,政治上的被动是最危险的被动。增强政治判断力，就要以国家政治安全为大、以人民为重、以坚持和发展中国特色社会主义为本，增强科学把握形势变化、精准识别现象本质、清醒明辨行为是非、有效抵御风险挑战的能力。讲政治必须提高政治领悟力。领导干部特别是高级领导干部担的是政治责任，必须对党中央精神深入学习、融会贯通，坚持用党中央精神分析形势、推动工作，始终同党中央保持高度一致。讲政治必须提高政治执行力。领导干部特别是高级领导干部要经常同党中央精神对表对标，切实做到党中央提倡的坚决响应、党中央决定的坚决执行、党中央禁止的坚决不做，坚决维护党中央权威和集中统一领导，做到不掉队、不走偏，不折不扣抓好党中央精神贯彻落实。要把坚持底线思维、坚持问题导向贯穿工作始终，做到见微知著、防患于未然。要强化责任意识，知责于心、担责于身、履责于行，敢于直面问题，不回避矛盾，不掩盖问题，出了问题要敢于承担责任。

用马克思主义提升治国理政能力，就必须加强学习。党的十八大提出建设学习型、服务型、创新型马克思主义执政党的重大任务，并且明确地把"学习型"放在第一位。提高治国理政能力，需要学习的内容是极为丰富的，首先是必须认真学习马克思主义理论，使之成为我们做好一切工作的"看家本领"。只有学懂弄通马克思主义，特别是掌握其立场、观点、方法，才能深刻认识和准确把握共产党执政规律、社会主义建设规律、人类社会发展规律，才能坚定理想信念，做好一切工作。提升治国理政能力，还必须有针对性地学习掌握做好领导工作、履行岗位职责所必备的各种知识，真正成为行家里手。提升治国理政能力，还必须学习各种文化知识，用中国优秀传统文化益智修身，陶冶情操，培养高尚的生活情趣，升华自己的人生境界。

用马克思主义提升治国理政能力，就必须提高理论思维能力。"恩格斯说过：'一个民族要想站在科学的最高峰，就一刻也不能没有理论思维。'中华民族要实现伟大复兴，也同样一刻不能没有理论思维。"[①]认识当代世界和当代中国，把握时代脉搏和历史走向，就要提升发现和捕捉时代性问题的理论洞察力，就要提升分析和提炼时代性问题的理论概括力，就要提升阐释和论证时代性问题的理论思辨力，就要提升回答和解决时代性问题的理论思想力。在《资本论》序言中，马克思提出："分析经济形式，既不能用显微镜，也不能用化学试剂。二者都必须用抽象力来代替。"[②]分析经济形式需要理论思维的抽象力，洞察、概括、分析和回答全部社会问题同样必须依靠理论思维的洞察力、概括力、思辨力和思想力。理论思维能力是观察、分析和解决一切问题的"活的灵魂"。切实地提升理论思维能力，我们才能善于透过现象把握本质，透过偶然发现必然，才能善于在实际工作中抓住主要

---

① 习近平：《在纪念马克思诞辰200周年大会上的讲话》，人民出版社，2018，第15页。
② 中共中央马克思恩格斯列宁斯大林著作编译局编译《马克思恩格斯选集》第2卷，人民出版社，2012，第82页。

矛盾和矛盾的主要方面，才能善于在复杂的斗争中权衡利弊，引导事物向有利的方向发展。"理论思维的起点决定着理论创新的结果。"①理论创新的过程是发现问题、筛选问题、研究问题、解决问题的过程。在实践的基础上推进理论创新，同样需要提升理论思维的洞察力、概括力、思辨力和思想力，不断地"提炼出有学理性的新理论，概括出有规律性的新实践"②。

用马克思主义提升治国理政能力，就要学史明理、学史增信、学史崇德、学史力行。中国共产党的历史，就是一部不断推进马克思主义中国化的历史，就是一部不断推进理论创新、进行理论创造的历史。从党的非凡历程中领会马克思主义是如何深刻改变中国、改变世界的，感悟马克思主义的真理力量和实践力量，就会提高我们掌握"看家本领"的自觉性，提升我们治国理政的能力。中国共产党的历史，就是一部践行党的初心使命的历史，就是一部党与人民心连心、同呼吸、共命运的历史。学习党的历史，我们就会更加深刻认识党的性质宗旨，坚持一切为了人民、一切依靠人民，始终把人民放在心中最高位置，把人民对美好生活的向往作为奋斗目标，把14亿中国人民凝聚成推动中华民族伟大复兴的磅礴力量。

读书是学习，使用也是学习，而且是更为重要的学习。在学

---

① 习近平：《在哲学社会科学工作座谈会上的讲话》，人民出版社，2016，第20页。
② 习近平：《在哲学社会科学工作座谈会上的讲话》，人民出版社，2016，第22页。

习中提高治国理政能力,在治国理政中学以致用、用以促学、学用相长,这是理论联系实际的马克思主义学风。"共产党人要把读马克思主义经典、悟马克思主义原理当作一种生活习惯、当作一种精神追求,用经典涵养正气、淬炼思想、升华境界、指导实践。"①中国特色社会主义进入了新时代,我们要实现中华民族伟大复兴的中国梦、实现人民对美好生活的向往,就必须学习和掌握马克思主义这个"看家本领",就必须牢牢记住:"中国共产党人依靠学习走到今天,也必然要依靠学习走向未来。"②

---

① 习近平:《在纪念马克思诞辰200周年大会上的讲话》,人民出版社,2018,第26页。
② 习近平:《习近平谈治国理政》,外文出版社,2014,第407页。

后　　记

在胜利迎来中国共产党建党百年之际，应吉林人民出版社之约，我撰写了《掌握"看家本领"》一书。

近年来，我在撰写《马克思与我们》《马克思主义哲学智慧》《理想信念的理论支撑》等理论读物的过程中，特别是在为全国思政课教师讲授"读经典、悟原理"的学习体会的过程中，逐步地形成了撰写《掌握"看家本领"》的基本理念、总体思路和主要内容，并在迎来中国共产党建党百年之际完成了这部书稿。

围绕掌握"看家本领"这个主题，针对为什么和怎么样掌握"看家本领"这两大问题，本书具体地阐述了五个方面内容：一是马克思主义的巨大真理威力和强大生命力，二是系统地钻研马克思主义经典著作，三是真切地领悟马克思主义基本原理，四是生动地展现马克思主义真理力量，五是把读经典、悟原理当作生活习惯和精神追求。

学习掌握马克思主义的"看家本领"，关键在于真学、真懂、真信、真用马克思主义。真信、真用，首先是真学、真懂。因此，本书在阐述这五个方面内容的过程中，以"读经典、悟原理"

为主要内容，着力论述了怎样系统地钻研马克思主义经典著作和如何真切地领悟马克思主义基本原理这两个问题，对马克思主义的自然观、社会观、历史观、实践观、真理观、价值观、理想观，特别是对习近平总书记概括和阐述的学习和实践马克思主义的重要思想，作出了较为系统的分析和论证。

习近平总书记一再强调指出："我们党历来重视抓全党特别是领导干部的学习，这是推动党和人民事业发展的一条成功经验。""中国共产党人依靠学习走到今天，也必然要依靠学习走向未来。"在学习掌握马克思主义"看家本领"的过程中，特别是在学习掌握习近平新时代中国特色社会主义思想的过程中，不断地提升广大党员干部，特别是领导干部的治国理政能力，不断地坚定广大党员干部，特别是领导干部的理想信念追求，就会迎来中华民族伟大复兴的光辉的未来。

孙正聿

2021 年 2 月 20 日

图书在版编目(CIP)数据

掌握"看家本领"/孙正聿著. —— 长春：吉林人民出版社，2021.3

ISBN 978-7-206-17966-2

Ⅰ. ①掌… Ⅱ. ①孙… Ⅲ. ①马克思主义—通俗读物 Ⅳ. ①A81-49

中国版本图书馆 CIP 数据核字(2021)第 049037 号

出 品 人：常　宏
选题策划：吴文阁
责任编辑：韩志国　李相梅
助理编辑：王　斌　葛　琳
特邀校对：郭志伟
封面设计：脑洞中枢设计事务所

掌握"看家本领"
ZHANGWO "KANJIA BENLING"

著　　者：孙正聿
出版发行：吉林人民出版社(长春市人民大街7548号　邮政编码：130022)
咨询电话：0431 - 85378007
印　　刷：长春新华印刷集团有限公司
开　　本：710mm×1000mm　1/16
印　　张：12.25　　　字　　数：120千字
标准书号：ISBN 978-7-206-17966-2
版　　次：2021年8月第1版　　印　　次：2022年5月第2次印刷
定　　价：39.00元

如发现印装质量问题，影响阅读，请与出版社联系调换。